U0625272

世界五千年
科技故事丛书

卢嘉锡题

《世界五千年科技故事丛书》
编审委员会

丛书顾问　钱临照　卢嘉锡　席泽宗　路甬祥
主　　编　管成学　赵骥民
副主编　何绍庚　汪广仁　许国良　刘保垣
编　　委　王渝生　卢家明　李彦君　李方正　杨效雷

世界五千年科技故事丛书

近代地学及奠基人

莱伊尔的故事

丛书主编　管成学　赵骥民

编著　刘世秀

吉林出版集团 | IC 吉林科学技术出版社

图书在版编目（CIP）数据

近代地学及奠基人：莱伊尔的故事 / 管成学, 赵骥民
主编.-- 长春：吉林科学技术出版社，2012.10（2022.1 重印）
ISBN 978-7-5384-6141-1

Ⅰ.①近… Ⅱ.①管… ②赵… Ⅲ.①莱伊尔,
L.（1797～1875）—生平事迹—通俗读物 Ⅳ.
①K835.615.89-49

中国版本图书馆CIP数据核字（2012）第156349号

近代地学及奠基人：莱伊尔的故事

主　　编	管成学　　赵骥民	
出 版 人	宛　霞	
选题策划	张瑛琳	
责任编辑	张胜利	
封面设计	新华智品	
制　　版	长春美印图文设计有限公司	
开　　本	640mm×960mm　1 / 16	
字　　数	100千字	
印　　张	7.5	
版　　次	2012年10月第1版	
印　　次	2022年1月第4次印刷	

出　　版　吉林出版集团
　　　　　吉林科学技术出版社
发　　行　吉林科学技术出版社
地　　址　长春市净月区福祉大路 5788 号
邮　　编　130118
发行部电话 / 传真　0431-81629529　81629530　81629531
　　　　　　　　　　 81629532　81629533　81629534
储运部电话　0431-86059116
编辑部电话　0431-81629518
网　　址　www.jlstp.net
印　　刷　北京一鑫印务有限责任公司

书　　号　ISBN 978-7-5384-6141-1
定　　价　33.00元
如有印装质量问题可寄出版社调换
版权所有　翻印必究　举报电话：0431-81629508

序　言

十一届全国人大副委员长、中国科学院前院长、两院院士

放眼21世纪，科学技术将以无法想象的速度迅猛发展，知识经济将全面崛起，国际竞争与合作将出现前所未有的激烈和广泛局面。在严峻的挑战面前，中华民族靠什么屹立于世界民族之林？靠人才，靠德、智、体、能、美全面发展的一代新人。今天的中小学生届时将要肩负起民族强盛的历史使命。为此，我们的知识界、出版界都应责无旁贷地多为他们提供丰富的精神养料。现在，一套大型的向广大青少年传播世界科学技术史知识的科普读物《世

界五千年科技故事丛书》出版面世了。

由中国科学院自然科学研究所、清华大学科技史暨古文献研究所、中国中医研究院医史文献研究所和温州师范学院、吉林省科普作家协会的同志们共同撰写的这套丛书，以世界五千年科学技术史为经，以各时代杰出的科技精英的科技创新活动作纬，勾画了世界科技发展的生动图景。作者着力于科学性与可读性相结合，思想性与趣味性相结合，历史性与时代性相结合，通过故事来讲述科学发现的真实历史条件和科学工作的艰苦性。本书中介绍了科学家们独立思考、敢于怀疑、勇于创新、百折不挠、求真务实的科学精神和他们在工作生活中宝贵的协作、友爱、宽容的人文精神。使青少年读者从科学家的故事中感受科学大师们的智慧、科学的思维方法和实验方法，受到有益的思想启迪。从有关人类重大科技活动的故事中，引起对人类社会发展重大问题的密切关注，全面地理解科学，树立正确的科学观，在知识经济时代理智地对待科学、对待社会、对待人生。阅读这套丛书是对课本的很好补充，是进行素质教育的理想读物。

读史使人明智。在历史的长河中，中华民族曾经创造了灿烂的科技文明，明代以前我国的科技一直处于世界领先地位，涌现出张衡、张仲景、祖冲之、僧一行、沈括、郭守敬、李时珍、徐光启、宋应星这样一批具有世界影响的科学家，而在近现代，中国具有世界级影响的科学家并不多，与我们这个有着13亿人口的泱泱大国并不相称，与世界先进科技水平相比较，在总体上我国的科技水平还存在着较大差距。当今世界各国都把科学技术视为推动社会发展的巨大动力，把培养科技创新人才当做提高创新能力的战略方针。我国也不失时机地确立了科技兴国战略，确立了全面实施素质教育，提高全民素质，培养适应21世纪需要的创新人才的战略决策。党的十六大又提出要形成全民学习、终身学习的学习型社会，形成比较完善的科技和文化创新体系。要全面建设小康社会，加快推进社会主义现代化建设，我们需要一代具有创新精神的人才，需要更多更伟大的科学家和工程技术人才。我真诚地希望这套丛书能激发青少年爱祖国、爱科学的热情，树立起献身科技事业的信念，努力拼搏，勇攀高峰，争当新世纪的优秀科技创新人才。

目　录

蜜月之旅/011

踏上地学之路/021

走向成熟/027

"将今论古"/034

考证古老的传说/040

河流为人类开路/047

三次考察冰川/052

冰岛为什么不冷/059

攀上埃特纳火山/065

波芙谷探幽/070

瀑布后退的告诫/077

神学的叛逆者/082

为威廉·史密斯正名/088

目 录

生物进化的探索/094

达·尔文的良师益友/104

生命不息，战斗不止/112

蜜月之旅

1832年7月12日，35岁的英国地质学家莱伊尔，（Charles Lyell，1797—1875）和23岁的诺尔妮女士结婚。他们的结婚仪式非常简朴，参加婚礼的亲友也不多，然而气氛却很热烈。新郎是地质学界大名鼎鼎的年轻科学家，才华超群，著作宏富，在他33岁时，出版了名著《地质学原理》；新娘是名门闺秀，端庄大方，美貌过人。

洞房花烛夜，莱伊尔和诺尔妮陶醉了。然而，此时此刻，也正是莱伊尔所著《地质学原理》第一册第二版出版，莱伊尔忙于撰写第二册和第三册书稿的时候。莱伊尔的写作欲望，远远大于新婚的喜悦，他没有更多的闲暇陪同夫人。诺尔妮感到孤独，她有些抱怨了。她不理解丈夫为什么这样忙，每日伏案疾书直到后半夜，有时竟通宵达旦。

有一天，夫人向莱伊尔问道：

"撰写书稿遇到了什么困难？"

"资料不够充实，有待补充。第二册和第三册必须相继出版。"

"我能帮你做点什么事情吗？"

听到诺尔妮这句话，莱伊尔心里豁然一亮，决定动员夫人一同外出，利用蜜月旅行的机会，进行一项地质考察。莱伊尔向夫人表明了自己的心思，夫人欣然同意。由此可见这位伟大科学家强烈的事业心。

新郎查理士·莱伊尔，1797年9月14日生于英国苏格兰法佛夏区的金诺第镇。

在优越的家庭环境熏陶下，莱伊尔自幼好学，对博物学有着浓厚的兴趣。在父亲的影响下，喜欢捕捉蝴蝶等昆虫，采集动、植物标本，并把它们珍藏起来。他从小喜欢跟随父亲到大自然中去游玩，稍稍长大后就和小伙伴们去野外玩耍，到河滩上拾来晶莹剔透的水晶、玛瑙等小卵石，以及一些五光十色、绚丽斑斓、形状奇特的石头。他对自然界的许多奥秘产生了兴趣。为什么岩石是层层叠叠的，为什么岩层中含有植物和动物化石，这些现象在莱伊尔幼小的心灵深处，留下了不可磨灭的疑团。他想到，长大后一定要去揭开它们的奥秘。

莱伊尔8岁时开始学习作文，10岁学习拉丁文，13岁学习法文，17岁（1814）考入牛津大学，学习数学和古典文学，同时选修了当时著名科学家格尔登教授的昆虫学，著名地质学家贝克的地质学，并参加了地质小组的野外考察，采集矿物、岩石和化石标本等活动。他接受了从事地质学考察的基本技能训练，打下了从事地质学研究的基础。

在牛津大学学习期间，他在父亲的图书室里，看到了一本《地质学引论》，是当时著名地质学家贝克威尔的著作，他如饥似渴地读了起来，从此便开始系统地学习地质学。书中描述的地壳运动、矿物岩石、古生物化石等，引起他浓厚的兴趣。莱伊尔非常喜欢这本书。此书对其地质思想的形成与发展影响深远。

1818年，莱伊尔随父母去法国、瑞士和意大利旅游。他们穿越了欧洲最高大的阿尔卑斯山，沿途看到组成山脉的地层、岩层弯弯曲曲的形态以及古生物化石，考察了峡谷、瀑布、泥石流和冰川等地质现象，采集了岩石、矿物和化石标本。到法国巴黎时，还参观了居维叶的化石标本陈列室。这里有各地的化石标本，分门别类，相当丰富。这对莱伊尔来说，不仅大开眼界，增长了古生物知识，而且也深受居维叶地质思想的感染。

　　1819年，莱伊尔从牛津大学毕业，取得学士学位。后来从事地质科学研究，做出了卓越贡献，享有崇高的声誉。在1822年，他当选为伦敦地质学会的秘书。当他做新郎时，已是该学会的主席，在英国的科学界已经有了显赫的地位。

　　但莱伊尔不图虚名，决心乘蜜月之旅，广泛收集资料，充实自己的学识。新婚后的第二周，他便携夫人开始了蜜月旅行。两个人渡过英吉利海峡，再乘车到达科隆，沿莱茵河上行。

　　莱茵河是德国的第一大河，发源于瑞士东北部的阿尔卑斯山，经德国到荷兰的鹿特丹附近，注入北海。莱伊尔小时候曾随父母沿莱茵河旅游过，对这里的山川景色，有着良好的印象。莱茵河由南向北，贯穿了德国境内的高山、丘陵和平原三大地带，全长855千米。早在公元前，古日尔曼人就在河流沿岸繁衍生息，辛勤耕耘，创建了科隆、美因兹和曼海姆等德国最古老的城市。莱茵河水量充足，河运发达，是德国重要的水上运输线，南上瑞士，北下荷兰，是两国间联系的纽带。

莱伊尔和夫人在科隆乘船逆水向上，主要途经莱茵河的中上游地段。看到两岸丘陵与平原交替，山峦此起彼伏。茂盛的庄稼长满田野，树木郁郁葱葱，漫布山坡。中世纪的古城堡不时点缀其间。这些美景，使莱伊尔夫妇心旷神怡。但莱伊尔并未陶醉在这美丽的景色里，为了查清某个地段的景观，他不得不约夫人下船，住上几天，甚至再乘车返程观看一番。在美因兹，他约夫人一同看看这里的河道为什么变宽了。

他们看到，美因河注入莱茵河，河水改为东西流淌，河西变宽达900米。两岸多为疏松的沉积土壤，与其他河岸的岩石峭壁不同。沿河道看了这些情况后，莱伊尔想听听夫人对于河道变宽的解释。

聪明的夫人直言道：

"由于支流的汇入，水量加大，使河面加宽了"。

莱伊尔听后，微笑着说：

"咱们经过的河段，也有几处支流注入，河道并未增宽，又是为什么呢？"

夫人也微笑着对莱伊尔说：

"这就请夫君指教吧！"

莱伊尔说：

"一般说来，由于支流的注入，要增加主河道的水量。但这较大水量的排泄，有两种方式。一种是增加主河道水的流速。由于两河汇合后，流水所要克服的阻力，由汇合前的两河道的4个岸边，减少为两个，阻力减小，而流速加快，把河床挖掘得更深了。还有一种方式，就是加大河面宽度，这要靠水流的向岸挖掘，或叫侧向侵蚀。在美因兹，支流注入后，主河道由南北向转为东西向，而加大了向岸挖掘，恰好这里两岸又不坚硬，河道就被冲蚀得更宽了。"

从美因兹，莱伊尔夫妇继续乘船上行，经曼海姆到达瑞士。一路的酷暑炎热，驱使他们到向往已久的高山冰川去纳凉。

在向导的引导下，8月中旬，莱伊尔夫妇骑马，沿河谷艰辛跋涉，来到瑞士的维墟河冰川终点。乍一到这里，他们感到凉爽极了。偶尔一股凉风沿冰川谷吹来，更使他们浑身冰凉。莱伊尔让夫人在一块长圆形光滑的石头上坐下来休息，自己则忙着到附近各处做地理考察。

从这里远眺阿尔卑斯群山之巅的阿勒枢大冰川，皑皑白雪冰盖，在阳光下晶莹耀目。大冰川向下伸展出多个冰舌，维墟河冰川就是其中一个冰舌延续下来的河谷冰川。莱伊尔的脚下是冰碛浅滩，满地是沙石、砾石，大小不一，混杂在一起。在这个冰川末端的冰块中，他还看到各种带棱角的石块。脚下的石块，也是冰川融化后停积下来的。他注意观察这些角砾，表面上有很多深浅不一的划痕。这是运动的遗迹，表明冰川是沿冰川谷向下移动的。他找了好一会儿，也没有发现生物遗体。

莱伊尔回到夫人身边，向夫人问道：

"你坐的这块石头有什么特点？"

夫人抚摸着石头，微笑着说：

"这块石头上有些小坑，还挺光滑的，坐着挺舒服的呢！"

莱伊尔也微笑着说：

"是的，我是特地找到这块石头，让你开眼界的。瑞士人称这样的石头为'羊背石'。它光滑的表面，是被冰川的前端刨削磨光的，表面的坑槽呈平行分布，大都向下游方向变深，是冰川向下移动刻画的痕迹。"

再沿冰川谷向上看，阿勒枢冰川高高在上，而且再向前更不好走。这时太阳已经西斜，莱伊尔只得偕夫人，随向导骑马下山投宿了。

当莱伊尔夫妇来到意大利北部的桑菲列坡温泉时，已是9月了。他俩在一个邻近公路的温泉小镇住下，洗洗温泉澡，解除旅途的劳累，轻松愉快地考察一下这里的温泉。

他们住房的一端就是洗澡间。进入浴室，见洁白的浴盆和精致的浴具，光洁雅致，打开开关，温热的泉水流进浴盆，屋子里立刻蒸气弥漫，还有一股硫黄味，使人感到有点刺鼻。

热情好客的旅店老板告诉说，今天是周末，镇上的音乐堂有音乐会，欢迎贵客光临。

莱伊尔喜欢听音乐，他的夫人更是音乐迷，还弹得一手好钢琴，遇此机会，当然不肯错过，于是欣然前往。音乐堂的主人，将莱伊尔夫妇让到最好的座位上。两人在异国他乡，听了古典音乐名曲及意大利民族乐曲的演奏。这一夜他们沉浸在优美的乐曲中，感到古典名曲激荡着人的心灵，热情洋溢的民族乐曲又向他们发出欢迎、祝福之音。这是在蜜月之旅中，度过的一个最美好的夜晚。

第二天，莱伊尔夫妇到住地周围看看。见到这里有3个温泉，从小山侧边的岩石里流出来，先注入一个修好的池塘里。这里有建在室内的两个池塘，交替使用。因为泉水里含有较多的盐分（硫酸钙、碳酸钙等），所以把泉水先注入一个池塘里，让盐分沉淀出来，然后再将泉水用管子引到浴室。

莱伊尔还注意到，有的管子不经过池塘，直接通到一些小房子的屋顶上，泉水从屋顶上洒落下来，水花飞溅，形成喷雾，落到一些放置好的装饰品模型里，40—50天后，就沉淀成如大理石一样的坚实物质，铸成美丽的内模，取下来可做装饰品。

在池塘旁边，莱伊尔向管理人员了解泉水的流量，但两位管理员提供的数据不一样。于是他亲自对每个温泉的水流量进行检测计算，得到了可靠的数据。他分析认为，泉水的多少，与大气降水对泉水的补给有关。雨季的流量比旱季要大得多。

对这个问题有了明确的结论时，他感到无比高兴。但当他回过头来，看到在一旁静候的夫人时，心里又有些不安。于是对夫人说道：

"这一路上，我自己多半是忙于观察、思考、分析了，慢待了夫人，那里称得上是蜜月旅行呢？"

一直深情地注视着他的夫人，连忙说：

"可别这么说，从我决定做你的妻子起，我就决心以你的快乐为快乐，以你的忧愁为忧愁，与你心心相印，完全像一个人一样。我们的蜜月旅行，不仅是人世间最甜蜜的，而且也是丰富多彩的。"

莱伊尔夫妇的蜜月之旅结束了，他们满载着丰富的收获返回故里。

踏上地学之路

    1817年暑期，莱伊尔回到家乡苏格兰金诺第镇。他告诉父母，这学期在牛津大学，不仅学习法律，而且还听了生物、地学的课程，都取得了好成绩。老莱伊尔听了非常高兴，称赞他为弟弟、妹妹们做出了榜样。当他听到儿子假期中还要到爱丁堡，去旁听审理民事案件时，既高兴又遗憾地说：

    "本想全家人多团聚几天的，现在看来得等以后了。你去吧，青年人学习第一。别忘了，去看看叔叔，代我向他问好。"

妈妈望着他有些消瘦的面容，无限疼爱地说道：

"看儿子瘦了这么多，应该在家多住几天，妈给你做你最爱吃的比萨饼，补充营养。这么快就走，真叫妈放心不下。这样吧，你到爱丁堡住叔叔家，我给你婶婶写封信，请她照顾你。"

莱伊尔对妈妈说：

"到爱丁堡，我就住叔叔家，婶婶会像妈妈一样疼爱我的。你们就放心吧！"

第四天，莱伊尔即赶赴爱丁堡。

爱丁堡位于苏格兰东南部的福思河口，濒临深水良港福思湾，隔北海与欧洲大陆相望，历来为苏格兰对外联系的主要口岸，是苏格兰的首府。城区建在一片丘陵地带，雄踞市中心火山丘上的古城堡，威武壮观。从这里有市区主要干道通向王宫，案件的审理就在苏格兰高等民事法院中进行。

苏格兰高等民事法院分为外院和内院，内院有两个审判庭，受理来自外院和各郡法院的上诉案件。各郡的法院，则由郡首主持。当时苏格兰的基层法院，政、法合一，权势显赫。难怪不少富豪乡绅，总想叫儿孙去学习法律。

聪明的莱伊尔很理解父亲的心思。他回想起，进大学开始学的是古典文学和数学，两年后改学法律。但这一年来的学习并不尽如人意。

和莱伊尔一起学习法律的同学，有一位衣冠楚楚的克鲁斯。从一起听课开始，克鲁斯就很热情。从介绍书籍法典到讲课老师的履历，以及伦敦近年民事案件的审理情况，他是个百事通，天底下没有他不知道的事情。但就是这个人，当他与莱伊尔熟悉之后，一次却贴近莱伊尔的耳边说：

"学习法律，就是学会捉弄人。遇到对你不利的法律条文，就设法变通；如果遇有不利的旁证，要绝对耐心，不惜厚颜无耻地去诱导，让他说出对你有利的证词，这些够你学一辈子的。"

这些话，使质朴的莱伊尔对克鲁斯以及他们所学习的法律，感到困惑不解。

在一次民事案件审判后，多数人认为宣判是公正的。莱伊尔的好朋友贝姆也认为"铁证如山，判处有据"。

克鲁斯却说：

"我从来不相信什么铁证如山，哪有不可推倒的证据？拜倒在证据面前，岂不是无能的表现？"

这话使大家很惊讶。

贝姆摇了摇头说：

"真是少有的奇谈怪论。"

克鲁斯气急败坏地说：

"你才听了几次法学课，懂得什么，乡巴佬！"

莱伊尔正想要上前劝解，贝姆反倒很冷静，只说了一句："那么，期终见。"挽起莱伊尔的手臂就走了。

与克鲁斯不同，贝姆衣着朴素，言语不多。莱伊尔初次遇到他，是在去年秋季开学的第二天。当时老莱伊尔送儿子来到牛津大学。父子二人到爱许莫林博物馆（Ashmoleam Museum）参观。这里陈列着大量的岩石、矿物和古生物化石标本。贝姆正在里面整理标本，见一老一少进来，便上前问候，对两位有问必答，并主动介绍有些标本的产地及其意义。

当老莱伊尔得知他是地学系二年级学生时，不禁称赞他是好学生，学了两年就懂得这么多了。还要儿子向他学习，这是老莱伊尔的肺腑之言。但是，他没料到这句嘱咐的话，竟成为莱伊尔以后转入地学的媒介。莱伊尔深信，老爸的眼光是不会错的。此后，两人每逢见面都畅谈学习体会，并相互选修对方的课程，在一起交流的机会就更多了。

1810年的西欧，法国才完成拿破仑法典（民法、刑法、商法、民事诉讼法和刑事诉讼法）的制定，英国的法典尚在形成之中。在英国，法学的教学不如地学、生物学完善但丰富多彩。不久，莱伊尔就把学习的重点，转移到地学、生物学了。他和贝姆一起听教授讲课，又一起复习、钻研，到学期末，两人所修的各门课，都取得了优异成绩。

有一次，他俩遇到克鲁斯，克鲁斯说：

"这次是叫你俩丢在后边了，可是两位生活得可不如本人轻松。我奇怪，你们学那么多地学科干啥？难道准备去裁决'水与火'之争吗？"

在爱丁堡的古城堡山下，地学界"水与火"之争，辩论十分激烈。莱伊尔从来不想高高在上，裁决哪方的胜负，而是要参加到争论中去。他注重实地考察，取得第一手资料。正当他聚精会神地观看地质现象的时候，忽然听到喊声：

"好哇！莱伊尔，你在这儿！"

他转身一看，原来是贝姆和几位地学系同学，以及一位大家敬重的地学专业老师，他们风尘仆仆，正向他走来。

贝姆的同学是由老师带领来苏格兰作地质旅行的。当他们得知莱伊尔到爱丁堡的来意时，都劝他不要错过认识这一带地质情况的好机会，一起去作地质旅行。贝姆还答应，回来后与他一起去听案件的审理。

莱伊尔愉快地答应了。当晚他到爱丁堡的叔叔家，说明了这个情况，次日就去参加地质旅行了。从此，莱伊尔踏上了地学之路。

走向成熟

  莱伊尔自幼喜爱大自然，喜欢到野外去观看植物、动物，以及各种自然景物。对于昆虫和五光十色的岩石矿物有着特别的兴趣。他小时候跟父亲游山玩水、捉昆虫，长大以后和同学们外出旅游时，都十分注意地理观察。当他学习地质学以后，更是有意识地到山上、河边、海边去观察大自然的变迁。

  他年轻的时候，就到过英格兰南部萨塞克斯郡、怀特岛，到过苏格兰的湖区，也到过法国、德国和瑞士；考察过阿尔卑斯山脉和大西洋的海岸。他把所观察的结果写成论文。他是从现在的地质变迁中去体察过去的地质作用，用他自己的话说，叫做：现在是了解过去的一把钥匙。后人把他的这种研究方法称为"谈今论古"。

1823年，莱伊尔曾多次观察、研究河流的地质作用。特别是在自己的家乡，他站在奔流的河边，目睹河流对于两岸岩石的冲刷，又把冲刷下来的岩石碎块、泥沙冲走，而在水流缓慢的地方又沉积下来的现象。他意识到，大地在缓慢地变化着，随着时间的推移，原来是河道的地方，将来可能会变成陆地；原来是陆地，将来可能会变成河道。这样他根据自己收集的资料，撰写了一篇论文《佛法尔郡的河流地质作用》，在伦敦地质学会上宣读这篇论文时，受到了广泛的称赞。大家认为，这篇论文是他在野外仔细和深入观察的成果，显示了他的地质研究才华。莱伊尔的这篇早期著作，充满了"水成论"的观点。

早在1821年，莱伊尔就非常推崇当时的地质权威詹姆逊教授。当他得知詹姆逊教授在爱丁堡讲授地质学的消息时，他毅然决定去爱丁堡听他的讲课。而詹姆逊是水成派创始人魏尔纳的得意弟子。詹姆逊1804年在苏格兰大学担任自然历史教授，1808年在爱丁堡创立了魏尔纳自然历史学会，公推魏尔纳为名誉会长，该会的宗旨就是宣传"水成论"的观点。莱伊尔当初地质思想的形成与发展，受詹姆逊的影响很大。

为了获取各类地质资料，掌握野外考察的基本知识，莱伊尔于1822年回到家乡——文其尔海地区，专门考察海水进退现象，从而验证这个地区的海陆变迁和地层变化。在这个地区，他看到海水已漫到悬崖岸边。据当地居民说，原先岸边的黄色沙滩，后来被海水淹没了，海湾里的水面扩大了。但是这种海进现象是缓慢进行的，远非一次所能看清楚，最好是在数年或数十年内不断观察，才能看得出来。

1823年，莱伊尔参加了导师巴克兰教授领导的地质小组，到英格兰南部萨塞克斯郡和怀特岛进行地质考察，研究那里的白垩纪（距今约1.37亿年的地层）的地质界限。

1824年，又跟随巴克兰教授到苏格兰湖区进行选题考察，对湖区的形成，以及该区地层、地貌、地质演变做了详细观察和描述。同年，莱伊尔还有幸陪同法国地质学创始人普利沃斯特，到英格兰和苏格兰进行地质考察，对那里的地层、构造、地貌、岩石、矿产等，进行全面的考察和研究。他在同两位教授一起工作的日子里，学到了许多地质知识和工作方法，这对于莱伊尔以后的成长起到了极其有益的作用。

莱伊尔于1825年发表了关于脉岩侵入沉积岩的论文，这是他在野外考察中，根据亲自搜集到的第一手资料撰写而成的。莱伊尔在野外清楚地看到，岩浆冷却结晶形成的岩脉，穿插在层层叠置的沉积岩的裂隙中，与岩脉接触的沉积岩有被岩浆烧烤的现象。由此，莱伊尔确认，沉积岩是水成的，而岩脉则是火成的，从而他抛弃了水成论的一些偏激观点。

1827年，当莱伊尔读到施克罗柏写的《法国中部地质》一书时，看到书中把许多地质现象分别归因于自然界中水或火的作用，基本上排除了宗教迷信、愚昧无知的陈旧观念，引起他内心的共鸣，觉得说出了他想说而未说出来的话。

在1828—1829年间，莱伊尔的学术水平大大提高了，学术活动也大为增多，学术思想也比较活跃。他越来越敬重"火成论"的创始人郝屯了，他认为郝屯的"火成论"，对于许多地质现象的解释，特别是火山活动、火山作用和火成岩的生成都是正确的。同时，他还接受了拉马克的进化论思想，拉马克是法国著名的生物学家，公认的特种变异论的创始人，著有《法国植物志》、《动物哲学》及《无脊椎动物》等。这些著作已成为世界名著。

在此期间，莱伊尔同苏格兰地质学家莫奇逊合作发表了一篇论文，题目是《以法国中部火山岩说明河谷的冲蚀现象》，文中论述了水成作用和火成作用的地质效应，明确提出了自然变化的渐进作用。文章发表后，受到了"水成论"拥护者，他的老师巴克兰教授的反对和指责，也遭到了水成派的其他权威地质学家的攻击，这对初出茅庐的莱伊尔来说，是一次沉重的打击。但面对这一切，他丝毫不动摇，耐心说服持不同意见的人，获得不少人的理解。

1828年后，莱伊尔曾多次去巴黎访问，在那里，他结识了许多著名的自然科学家。例如"灾变论"创始人居维叶、巴黎自然历史博物馆矿物学教授布朗尼亚尔、法国地质学创始人普利沃斯特等。同他们一起探讨当代的地学、生物学理论，相互交流观点，研究地质成因、变化，广泛学习和听取了各个学派的基本思想和论点，使他受益匪浅，对他的地质渐进论思想的形成，有很大的启迪作用。

例如，莱伊尔本来是反对拉马克的特种可变理论的，曾认为地球上的生物长期以来没有什么重要的变化，这在他早先出版的《地质学原理》中有所反映。当他读了拉马克的《动物哲学》一书，并与拉马克交谈后，才开始接受了拉马克的理论。后来又进一步接受了达·尔文的自然选择学说和物种起源理论，终于纠正了自己的错误观点。

莱伊尔从这些讨论中，更加明确地认识到：火山作用在近代地质史上起了巨大的作用，并且在地球演化的古代地质史中，起着更为巨大的作用。认识到火成岩是呈线状分布的；火山与地壳上的断裂是分不开的。

经过同科学界许多著名科学家的交往，莱伊尔深刻认识到，"水成论"和新兴的"突变论"，与宗教界的上帝的"神创论"是一脉相承的。他抛弃了错误观点，接受了郝屯等科学家的正确观点，开始确定自己的地质渐进理论。他明确提出：说明过去的地质现象，应在现在的自然现象中寻找依据，过去和现在的地质作用是同一的。这就是后来为人们所称道的莱伊尔的现实主义原则。

1828—1829年间，莱伊尔制订了编写《地质学原理》的计划，为了充实和丰富地质渐进理论，他又到法国的奥沃尼，意大利的那不勒斯和西西里岛进行考察，并取得了大量的地质资料。他更加明确地认识到，改变地球面貌的力量是地球内部的力量和地球外部的力量，例如火山、地震、风力、河流、海洋的力量。这样一来，莱伊尔地质渐进论的基础更加充实了。

1830年他出版了《地质学原理》第一卷，以后，他经常到各地考察，相继出版了其他几卷著作。该书的出版，标志着莱伊尔在地质学术研究上的成熟，莱伊尔也因此而闻名于世。

"将今论古"

　　人们称天文学、地学、生物学、数学、物理学和化学为自然科学的六大基础学科。然而地学（包括地理学和地质学）比其他五大学科发展都要晚一些，它长期被禁锢在教会的势力之下。这是由于地球是人类诞生的摇篮，而在教会看来，人类又是神创造的生命，因此，地球上发生的一切现象只能用神（上帝）来控制和解释。长期以来，教会的强大势力影响了地球科学的发展。

　　18世纪英国工业革命以后，欧洲各国相继进入资本主义时期，自然科学也随着工业的迅速发展而发展。近代地质学理论在同神创论的激烈论战中，从萌芽到建立定律、原则、方法和指导思想，并不断地丰富和完善。当时有一批地质学家为地学发展奠定了良好的基础。例如法国的古生物学家拉马克，提出了生物进化的理论；英国的地质学家威廉·史密斯创建了"化石层序定律"；法国的古脊椎动物学创始人居维叶提出了"器官相关定律"；英国的古生物学家查理斯·达·尔文在《物种起源》一书中提出进化论并做了系统论述，对古生物学作出了重大贡献。

本书的主人公莱伊尔，他在地质学上的贡献，除建立了地质渐进理论外，在地学工作方法上还提出了"将今论古"的办法，这种方法一直沿用到今天，是一种行之有效的工作方法和指导思想。

地球历史十分久远，地球从诞生之日起，至今已有46亿年。46亿年的风风雨雨，沧海桑田，使地球不断演化变迁。而我们人类只有200万—300万年的历史，比起地球来，只是一个小零头。那么，人类怎样去研究知道地球的过去呢？莱伊尔提出了"将今论古"的办法，即人们把今天看到的地质事件，比如，火山爆发、地震、河流的冲刷与沉积、海洋的潮起与潮落、地球自转的快与慢、生物的进化等，用来作为研究地球过去的依据和借鉴。莱伊尔在运用这个方法的时候，曾发生过几个有趣的故事。

有一天，莱伊尔来到莱茵河岸边，准备考察河流的地质作用。在宽阔的沙滩上，黄沙漫漫。他在一个地势较高的地方停下来，俯视着沙层上发生的事情：

沙层上面清楚地显露出一串串、一行行蠕虫爬行的足迹，他仔细观察，发现有大小两种足迹，表明有两条蠕虫经过这里。大的蠕虫足迹是从东向西的，小的蠕虫足迹是从西向东的，两串足迹在途中相遇了。相遇处大小蠕虫的足迹紊乱，后来，小蠕虫的足迹不见了，而大蠕虫的足迹则继续向前。

这个有趣而奇特的现象说明什么呢？莱伊尔思考着。啊！这不是一幅现代自然界里生动的"生存竞争图"吗？大概这两条虫都是出来觅食的，在途中相遇了，弱者被强者吃掉，强者带着饱餐的喜悦扬长而去了。

自然界生物的现代"生存竞争图"，同样也可以发生在远古时代。所以，生物的生存竞争，促进了生物的进化、演变。他把这个现象再引申一下，即大自然的变化，更是适者生存，不能适应大自然变化的生物，就会灭亡，历史就是这样无情。

1829年夏天，莱伊尔来到瑞士西南部的日内瓦湖畔，当地人告诉他，这里不久前曾发生过一次大旱灾，德兰斯河流域久旱不雨，河流干涸了。大地上一片荒芜，牲畜没有食物，没有饮水，造成大量动物、植物死亡。有一个牛贩子的两万头牛，全部渴死、饿死了。许多野兽和家畜，都被抛到日内瓦湖中，成千上万的动物尸体，在那里腐烂发臭，远远就闻到臭味。莱伊尔在湖边、河滩上、土地里也捡到不少尸骨。他认为这个事实非常重要，如果不知道这些动物的死亡原因，可能会把这些尸骨的累积归于如《圣经》上所说的发生洪水灾害的结果。进而他想到，地质历史上的化石堆积，也不可能如居维叶所说的是灾变造成的。

莱伊尔在日内瓦湖亲自调查了这次干旱造成大量动物、植物死亡以及这些动植物遗体的埋藏情况。他发现有当时深深埋在地下的尸骨，有暴露在地表的尸骨，它们的保存情况大不相同。于是，他联想到在远古的地质时代死亡的生物，在什么条件下才能保存完好而成为化石呢？他考察后认为，生物集体死亡，成为化石的可能性大一些。

他由德兰斯河流域干旱，而致数以万计的生命毁于一旦，推想到古代海洋和森林里的情况。海洋中一些无脊椎动物，如珊瑚、介壳生物等，在海水的含盐度发生变化、温度变化，其他基本生活条件发生改变时，就会导致集体死亡，因此石灰岩中的动物化石较多。而在森林地区，环境一旦发生剧变，森林被埋葬进而成为植物化石的机会就多。

另外，生物死亡必须迅速掩埋，否则，这些遗体就会遭到其他动物的噬食，或者腐烂，或被风、流水搬运而消失。再有，有硬体的物质才能形成化石，而在成为化石的过程中，要有石化的过程等。

我们看到了莱伊尔是怎样运用"将今论古"的方法和原则，将今天他的所见所闻，与地质历史上，几万年前、几十万年前甚至几百万年前的地质作用联系在一起，去解释它们的发生、发展，这样就把从前发生的事件现代化、具体化，成为摸得着，看得见的活生生的事件了，有利于对地球过去的了解。

莱伊尔利用"将今论古"方法的例子还有很多，例如观察现代河流对两岸的冲刷，河流在拐弯处泥沙的沉积，海水的进与退，地壳的上升与下降等，他都在调查中采用"将今论古"的方法加以解释、推理，使得他所探讨的地质现象，得到了合理的解释。莱伊尔把理性带到了地质学中，为地球科学的发展做出了重大贡献。

考证古老的传说

1818年，莱伊尔随父母到法国旅游。那时他们一家人乘车到伦敦东部的海边多佛尔，再换乘客船，渡过多佛尔海峡，到法国的加来。虽然这段航程不过30—40千米，但一般也得航行多半天。刚一上船还好，小孩子们感到船上的一切都新奇，向大人问这问那，话语很多。但航行一段，船在风浪中的颠簸着实令人难受，孩子们躺下了。父子二人开始了有关海峡的讨论。

莱伊尔向前望去，欧洲大陆隐约在望，不禁向父母诉说道：

"如果没有这个海峡，英国与法国连在一起，该有多方便呀！"

老莱伊尔听后说道：

"相传，这海峡两岸，很早以前只有很窄的地峡连接，在海浪的冲击下，后来地峡溃决了，南北海水沟通了，变成了海峡。现在海峡里的水并不深，最浅的地方在中部，不过4米，向南北两侧变深。还有人说，在英国和法国，都有凶狠的动物，如狼，它们是不能自己渡过海峡的，也不可能有哪个人把它们带过来，似乎只有一个地峡的存在才能过往。不知是否真有这种可能。"

莱伊尔觉得父亲讲的这个古老的传说很有趣，但海浪有这样大的力量吗？

1819年，莱伊尔大学毕业，有机会从北到南，沿大不列颠岛考察海浪的冲蚀破坏情况。

莱伊尔这一年22岁，中等略高的身材和一张有些瘦窄的脸，使他显得不很健壮。但他的双目有神，总是闪烁着机警的关注之光。他走路轻快潇洒，而且喜欢骑马和游泳。但这并没有解除他乘船的烦恼。莱伊尔对乘船，有时感到很不适，甚至是一种煎熬。所以他是以极大的耐力，乘船来到大不列颠群岛最北端的舍得兰群岛的。这个海域无风三尺浪，风大浪高是有名的。这些南北向延伸的狭长小岛，西岸受到大西洋风暴的袭击。强烈的西风卷起的巨浪，有时以雷霆万钧之势，向小岛冲击，如同与小岛东侧的北海争夺这块地盘似的。同时，小岛还要受到从北方窜入的洋流的侵害。他站在悬崖岸边，有时海浪袭来，撞击岩石，浪花飞到7—8米高的岩石上面，淋湿了衣服。但他只顾专心观察海浪对岩石的溶蚀，看岩石是如何被分解破坏的。在这个小岛的海角尽头，他看到花岗岩石被冲刷成各种圆柱形、棱柱形或尖塔形，矗立在激荡的大海中，成为壮丽的景观。莱伊尔感到，海浪的冲击真是太厉害了。

莱伊尔在小岛的岸边，看到许多被海浪冲击下来，搬走的巨石，其中有的达10立方米，近30吨重，竟被搬运了10多米远，海浪的冲击力太大了。

莱伊尔看到的一处更为壮观的景象，是海岸被瓦解了，坚硬的石英斑岩，如同抵御海水侵犯的堡垒一样，据守在海边。但大西洋强风所卷起的巨浪，像排炮一样，向这些壁垒猛烈轰击，在斑岩中终于冲击出一个缺口——通道。在缺口处，海浪不断剥蚀两旁的岩石，剥落下来的岩石碎块，被海浪冲到几十米以外，聚积成碎石堆。

莱伊尔乘船在风浪的颠簸中来到舍得兰群岛以南的奥克尼群岛。他的船在桑达岛停靠，这里的洋流速度很快，船很难稳定下来，强烈地摇动着。他在船工的扶持下，艰难下船，站在这个岛的东北端。他看到几十米外有个小岛，岛上还设立了灯塔。据岛上的人说，前面的小岛原本是桑达岛东北角的一部分，近几十年才被海水切断，变成一个小岛（史太特岛）的。这小海峡逐年还在加宽。莱伊尔心里高兴极了，他想，这新海峡虽然很小，也不失为多佛尔海峡形成的再现。他对考证多佛尔海峡的形成信心更足了。

莱伊尔回到苏格兰本岛继续考察。这时，他可以车马代步了。他骑着马，在向导指引下，快捷地来到一处临海的石灰岩丘上。向西南看去是一片海湾，田园村镇坐落在海湾西侧的岸边，他们来到镇里住下。听当地人讲，从前有一处石灰岩组成的山丘，以前是向海洋中延伸突出的像一个小小的半岛那样，1795年的一天晚上，海浪涌进，把山丘下海岸边的村庄卷走，海水入侵50—60米，海湾扩大了许多。

第二天，莱伊尔来到阿布罗思市，他看到该市是建在海岸边的红色砂岩之上的。听当地年长的市政官员介绍，从18世纪晚期以来，这里的许多房屋被海水冲毁，海水侵入达1千米。最明显的是灯塔已向内陆迁移几次了。海浪在这里的冲击力量也是很大的，1807年建造灯塔的时候，搁浅在暗礁上的6块大花岗岩，被冲到十几米以外去了。

莱伊尔在苏格兰的东海岸，到处看到被海浪冲蚀得支离破碎的岩壁。那么，英格兰东海岸又怎样呢？

他接着来到约克郡，看到海蚀岸边，也在逐渐崩溃。在这里，由灰岩和砂泥质岩构成的陡崖峭壁，有的高达90米，只有几个地方，崖顶上长着青草，但土层也很薄了。有的地方，悬崖顶上岩石裸露，崖壁下被凿成岩洞，穿插在海岸的岩石里，更加剧了海岸的崩溃。有个叫奥桑的地方，莱伊尔看到教堂已经大部分被毁掉了。他在这里了解到，在近几十年中，海水内侵每年达3米之多。人们担心，附近向海突出的史柏恩角，将来总有一天要变成海岛。海水不断逼近，村民只得向内陆迁移，有的漂洋过海到北美洲去了。

莱伊尔感到大自然强大的威力是无法抗拒的。

此后，他又来到林肯郡的萧林汉，住在一个近海的客栈里。客栈建成时，房屋距离海边45米，当时估计过70年海水也未必能到客栈。可是就在建成后的5年间，海水竟冲毁了15米的地面，逼近了围墙，只剩下房后的花园相隔了。

次日，莱伊尔骑马继续向南，看到由黏土和沙石、砾石层组成的陡崖，有的高度超过80米，被海水破坏得惊人。这里古代的克罗默尔城遗址，已经全部被海水淹没。居民向内地退居，但海水还是穷追不舍。他听说有一年冬天，在悬崖顶上的灯塔附近，有很大的岩块崩落到海里——大地被继续吞噬。他又走不多远，看到一座教堂在峭壁悬崖边上，已经危在旦夕。

莱伊尔又继续南下，到达诺福克，看到埃克尔斯教堂坚固的高楼，已有一半埋在海岸边的沙丘里。据说，这所教堂最初是建在距海边近千米的地方的。照这样下去，以后总会有一天，它会被大海吞没的。

莱伊尔还数次渡过多佛尔海峡，考察海峡对岸，看到那里不仅岩层组成与这边一样，而且海浪的冲击破坏同样给他留下深刻的印象。

经过从北到南，从西到东的反复考察验证，最后，莱伊尔认为，海浪冲决"地峡"，而形成了多佛尔海峡的古老传说是可信的。如果这里正好是地壳在下沉，那么海浪的吞噬，会是更快的。

河流为人类开路

莱伊尔曾几次沿莱茵河从德国到瑞士游览考察，经过从波恩到宾根水流湍急的峡谷地段，又穿越上游的高山峻岭地区。

他无限感慨地说：

"若没有莱茵河的穿凿沟通，为人类开路，自古以来，从德国越过阿尔卑斯山到瑞士是很困难的。"

莱伊尔也曾看到，莱茵河在荷兰入海口处竭力营造三角洲的努力，被北海的惊涛骇浪打消了。在河与海的争夺中，北海成了大赢家。但河流并不服输，在大地上奔腾咆哮，到处留下粗犷的轨迹，显示出强大的威力，成为人类发展领域的先导。在大陆内部，城市首先在河畔出现，山区的大路，无不随河道延伸。

河流是怎样开山劈岭为人类开路的呢？

1828年夏天，莱伊尔到瑞士西南部的日内瓦湖游览。在这里他听说罗纳河的支流德兰斯河泛滥成灾，就赶快去考察。这时洪水过后才4个月，他看到大部分水碛堤还存在，堆积成了近50米高的峭壁，尚无固定河床的德兰斯河，挟带着大量泥沙，在河谷里向下游流去。

逃难出来的人们向莱伊尔描述了水灾发生的原因：去年冬天雪下得很大，从高山冰川倾泻下来的冰雪，阻塞了德兰斯河的河道，使上游一段河谷变成了一个湖。待到春天冰雪融化，水堤上游一侧湖中的水深度逐渐达到70米，宽度达到230米。虽然在水堤中，已凿掘出一条宽几米的通道，排泄出了部分水，但堤中部突然破裂溃决，积水在几小时内全部倾泻而下。奔腾的冰水遇到狭谷时，水位迅速高涨，更加迅猛地向下游冲击，把沿途的石块、林木、房屋和桥梁等一扫而光。在大部分行程中，洪水成了泥石流，动力更大，许多如房屋般大小的巨石，被冲了出来，向下游搬运达400多米。洪水进入马丁尼平原，因河道拓宽而减速，而后注入罗纳河，没有再造成灾害。

据当时临河观察的一位工程师测算，从冰湖里冲出来的夹杂泥石的水流，最初为7千米/小时的速度，最后达每小时32千米，每秒钟的泄洪量达8 100立方米。比瑞士西北部莱茵河的流量大5倍。如果没有预先掘道排水，水量还将加倍，冲击力量就更大了。

听了对德兰斯河洪灾的介绍，回头再看罗纳河波光粼粼的流水，莱伊尔感到，河流对河谷最严重的冲蚀挖掘，是由突然出现的含大量沙石的洪流造成的。洪流是河流开路的急先锋。

当地人还抱怨说：

"你们英国也许没有这样大的洪水吧？"

这使莱伊尔回想起来，几年前在苏格兰东南部阿伯丁一带发生的一次洪水灾害。

他回答说：

"也有的，在1826年8月3日、4日两天，阿伯丁至因沃内斯一带，电闪雷鸣，狂风怒吼，倾盆大雨连续下个不停，500—600毫米的降雨量，汇聚河道，形成洪峰。洪流奔腾而下，将经过的桥梁、农作物、房屋等全部冲毁。多年干涸阻塞的旧河道，也被洪水冲掘贯通。一位幸存的临河宅院的主人说，洪水把一堆总计400—500吨的石块，沿两米高的斜面冲上去，堆起一个1米高的石堆。这次大洪水，在小溪里也呈现大威力，把一座才建设完工的桥梁冲毁了。洪水在英国的冲击力量也是很巨大的。"

接着，莱伊尔又到意大利西南部的西西里岛考察，在西密托河谷看到的是另一番景象。在埃特纳火山脚下，他站在黑色的凹凸不平的熔岩上面，远远望去，熔岩延伸到天柱状的火山锥顶，那里火山口还在冒出羊绒似的蒸气，向下延展到西密托河谷里。莱伊尔和陪同的学者，一同下到谷底，见到这里的熔岩更为致密，有的地方岩石表面被磨光，呈现深蓝色，有的地方则长满青苔。乍一看外表，似乎年代非常久远了。据陪同的学者说，其实这是1603年埃特纳火山喷发出的熔岩。在河谷里的熔岩上，已经冲蚀出新的河道，宽达70米，深17米。其中的流水携带着褐色的石英砂，像砂轮一样，磨蚀流经的岩石，经过两个多世纪，冲蚀出这两岸陡峭的河床。他俩沿河道下行，看到西密托河床倾斜角度不大，水流不急。但也看到两处小瀑布，每处有两米高，这里水流湍急，河道也窄得多，在瀑布陡坎处冲蚀必然要大得多。在这里，两人所看到的是携砂流水从不停息地缓慢磨蚀，像滴水穿石一样，河流的这种冲蚀，也能在大地上刻画出条条沟谷。

看过这一切后，莱伊尔说：河流为人类开路，洪流是急先锋，日常流水则终日不停，功不可没。在山区劈山开路，在平原，则冲土为河，开通了水路。

三次考察冰川

　　莱伊尔十几岁的时候，在春天里时常领弟弟、妹妹们一起在附近的河边游玩。在河谷岸边，他们有的捕捉昆虫，有的捡石子。莱伊尔看到清澈的流水中，鱼儿自由自在地游着，各色卵石在水底不时滚动。他想，照这样的速度，卵石什么时候才能到大海呀！忽然有几块冰漂浮过来，冰里还包着几块褐色卵石，随同浮冰越过河底的卵石，漂流而下。好一个后来者居上，他觉得很有意思。于是给弟弟、妹妹们出了一个智力测验题：

　　"卵石在河水中，怎样才能跑得最快？"

几个小孩望着河底的卵石，冥思苦想，找不到正确答案。恰巧又一块包有卵石的浮冰漂流过来，莱伊尔指着浮冰说：

"注意看哪！"

他们看到了，异口同声地说：

"浮冰里的卵石跑得快，准得第一！"

最小的妹妹问道：

"为什么河流中的卵石，不能那样快跑呢？"

莱伊尔耐心地解释说：

"卵石的比重比水大得多，这样的小冰流不容易冲走它。卵石与冰结为一体，冰又比卵石大得多，这种冰包裹体的比重，比水要小，也就容易被这较弱的水流带走了。"

他还想到，这种冻结在冰中的石块，在冬春水温较低时，可以被携带到很远的地方。这条河较小，携带量也有限。如果河流很大，这种携带的搬运量，就将很可观了。

十多年后，莱伊尔大学毕业了，从事地球科学的研究工作。他曾几次赴北美旅行，有一次他到加拿大东南部的魁北克省，考察圣·劳伦斯河。

圣·劳伦斯河，斜切加拿大东南一角，由安大略湖流出，汇入多条南下的支流，向东北流去，注入圣·劳伦斯海湾。

莱伊尔乘船进入圣·劳伦斯湾，继续逆水向上。航行了几天，河面依然宽阔，对岸渺茫遥远，他甚至怀疑是海湾深入内陆太远了。过魁北克市，河面变窄，船在北岸的一处小城停靠，这里有条支流汇入，正是他要考察的地方。

第二天，由向导领路，莱伊尔来到城西岸边。当时正是低水位，他看到岸边的基岩是石灰岩和页岩，河滩和河中的小岛上，散布着很多花岗岩巨砾，就问向导这些巨砾的来历。

向导说：

"在这里住了多年，从未看到这些小岛被水淹没过。但在每年冬天，都有大量冰块，挤压到上面，甚至堆积高达9—10米。这些冰块推走了岛上的砾石，冰融化后，在岛上又留下这些大砾石。"莱伊尔听后，风趣地说：

"它们还都是岛上新的来客呢！"

加拿大的冬天，越往北越冷。据向导介绍，魁北克市以北的圣·劳伦斯河下游，一入冬季，随着潮起潮落，就有冰块漂来。在潮落时，水面上结成一层致密的厚冰，到涨潮的时候，冰块被浮起、破碎，随潮水流了下来。在河道两边的浅滩上堆积起来，在－30℃的冷天，松散的冰块和花岗岩块以及其他岩石巨砾，冻结在一起。这些块体，常被下一次大潮，或春天积雪融化后上涨的河水冲走。家住下游岸边的人，常看到含有石块的浮冰，在春天里漂流向下，其中多数随着冰的融化，石块就沉积在港湾里了。如果冰的块体很大，还将漂流得更远。

莱伊尔想到，如果大块的冰漂流出港口，随洋流漂浮在大海中，就成为冰山了。

他对冰山很感兴趣。在高纬度地区的航行中，他强忍乘船的不适，有时夜间与船长长谈，希望看到冰山。善解人意的船长，也总是宽慰他说：

"听了你的忠告，我们会更加注意观察这一带海域可能出现的冰山的。请早些安歇吧！像你这样晕船的人，躺在床上会好一些。一有发现，我会马上请你来看的。"

但他一直未能如愿。他相信有人在南纬61°处看到的冰山，其中含有不少黑色岩块，冰山高达80—90米，长

400—500米，而冰下部分还要大得多。这么大的冰块，漂移到哪里，才能搁浅融化，冰中岩块才会堆积下来，成为该地岩石中的不速之客？

冰在陆地上的大规模移动，莫过于冰川运动。莱伊尔曾几次考察瑞士的冰川。

瑞士素有欧洲屋脊之称，位于阿尔卑斯山中段，山地面积占国土面积的70%左右。境内平均海拔1 350米，阿尔卑斯山在瑞士境内分为南北两支，平行延伸，约有100多个山峰，平均高度达4 000米。在南部与意大利接壤的地方，有瑞士最高的海拔4 634米的罗萨山。其中不少峰巅，常年积雪覆盖，成为千姿百态的旅游胜地。

在高山地区，夏天的热量不足以融化冬天的积雪。瑞士阿尔卑斯山的雪线，在海拔2 590米，在这个高度以上，积雪就永久不融化了。

莱伊尔来这里登山旅游，主要是为了观察冰川。他登临雪线以上，踏着溜滑的冰面到处察看。在一个冰裂缝处，为了看清楚裂缝断面的情况，他只好伏在冰面上，探头下望，直到把冰层结构看清楚了为止。他身下的冰化出水来了，弄湿了他的衣袖，也完全没有觉察，还非常高兴地对陪同者说：

"冰川的冰，上下并不是致密均一的。表明它不像河（海）水，不是由水冻结成的，而是由积雪，在上面雪层的压力下，加之表面渗入的融水冻结而成的。"

他又指着脚下的冰说道：

"这里每年降雪量很大，逐年增加冰冻的块体，阿尔卑斯山的高度为什么都没有逐年显著增加呢？"

向导无言答对。

莱伊尔解释说：

"这是因为山巅的冰体，向雪线以下很远的山谷移动，减少了冰体量，而形成冰川了。"

莱伊尔在考察中，看到瑞士的冰川厚度在180米以上，最大宽度达3—4千米，长度达到50—60千米。冰川沿陡坡下滑，或通过峡谷的时候，冰块破裂，在阳光下，闪现绮丽的光彩。

对于冰川移动的动力，有的认为是冰冻的膨胀力，有的认为是重力作用。莱伊尔在考察中看到，峰巅和山谷地带都有一定的坡度，重力能形成相当大的推动力，使冰川向下移动。所以他认为冰川移动的动力，主要是重力。

　　但是冰川是怎样移动的呢？

　　莱伊尔在这里的冰川上做了一个实验。他约向导一起，在冰川上树立许多标志，使其横过冰川，排成一条直线，经过一昼夜，直线呈现弧形，中部向冰川下游凸出，移动速度比两侧快2—3倍，晚上与白天前进速度接近，每12小时移动接近1米。

　　他在冰川谷两侧仔细观察看到，冰川的移动，不仅可以把砂石、巨砾带走，而且把经过的河谷两壁磨平、磨光或刻出槽痕。冰川的每一部分都在移动，但冰川终点的位置，往往多年不变。因为在这里热力的融化量，恰好与冰川移动到这里的冰量相等，所以冰川至此终了，而融为冰水流淌，冰碛滞留了。

　　莱伊尔三次考察冰川的移动，不仅看到了浮冰挟带、冰川搬运与磨蚀的伟大力量，而且搞清了冰川移动的特点和动力，为他的地质学研究提供了有力的证据。

冰岛为什么不冷

1834年秋，莱伊尔在挪威考察。回国途中，绕道冰岛，在雷克雅未克作短暂停留。

他一登上冰岛的土地，首先感到冰岛并不冷，但是树木花草却很少见，像是开发不久的荒原。

冰岛位于北大西洋中，东西分别隔挪威海、丹麦海峡与挪威、格陵兰岛相望。冰岛处在北极圈边缘，纬度很高，加之东南部地势又高，所以有冰原分布，如瓦特纳（Vatnajokuu）冰原，面积达8 100平方千米，冰层平均厚度可达400米。可见，冰岛有冰名副其实。但是其大部分地区，冬暖夏凉，并不算冷。西南沿海地区，一月平均温度为 $-1℃$，最低温度不过 $-15℃$，甚至比纬度低得多的纽约还要高；夏天平均温度仅 $11℃$，是够凉爽的了。不过，冰岛的气候变化多端，一天之内，一会儿风和日丽，人们可以穿单衣；一会儿，又狂风大作，风雪交加，人们又得穿上大衣。风向也多变，一会儿刮南风，一会儿刮北风，一会儿又刮西风。这是由于冰岛正处于冷、暖气团的交界处，两者无休止的争斗造成的。当地人们从不怕坏天气，因为经验告诉他们：等一等就会有好天气到来。

冰岛不冷是事实。大家公认这是由于大西洋暖流的影响。但是，还有没有其他因素呢？

莱伊尔想对此做进一步考察。

冰岛的火山闻名世界，引起各国科学家的关注。在这里，莱伊尔看到冰岛历来火山喷发的记录很完整。从12世纪起，这里从未有超过40年不发生火山喷发或大地震的，有时甚至只隔20年就有一次大震。冰岛的火山喷发异常猛烈，有的喷发持续达6年之久。火山口的形状，有锥形的，也有盾状的，但是常见的是裂缝形的。这种火山在爆发时，岩浆从裂缝的多处喷出，形成一排火山口。

最典型的是瓦特纳冰原西南部的拉基火山。它曾于1783年6月11日爆发，沿着北东向25千米长的大裂缝，100多个火山口同时喷出岩浆。岩浆冲入河谷，还向邻近地区泛滥。这种燃烧的洪流，还填满了河道上的一个深湖，再向前进，流入洞穴密布的古熔岩区，熔化了部分岩石。6月18日又冲出一股熔岩，以极快的速度沿第一次熔岩的表面流动，在一个悬崖处，形成一个巨大的岩浆瀑布，并填满了瀑布下的一个深坑；又继续前进，在河谷中形成很厚的熔岩；当流到宽阔的平原时，便分布成面积很大的火海，宽度达到25千米，厚度有30米。

据统计，这次喷发熔岩的覆盖面积达570平方千米。

有关记录中还记载，在这次火山大喷发前，冰岛还发生了近代史中最为强烈的地震，1783年5月，在冰岛西南50千米处，曾有海底火山喷发，并出现了一个小岛。丹麦占领了它，命名为"新岛"。但是不到一年工夫，新岛不见了，变成了位于水下9—55米的暗礁。

这次火山大喷发，两年后才完全停止。10年后有人去那里考察，还看到部分喷发口仍在冒出烟、气，宽大的裂缝里，热水汩汩作响。

莱伊尔看过冰岛火山爆发记录后，深切感到，在冰岛，强烈的地震和猛烈的火山爆发是时常相伴而发生的，剧烈改变着大地的面貌。如山原的开裂，丘陵的沉陷，河流的改道，以及新的湖泊的出现等。海滨出现的新岛，有的尚存，有的失踪，都是火山和地震在作怪。岛上的许多火山，一次喷发，同时形成几个火山锥，它们大致排列成一条从东北到西南的直线。许多火山在喷发时间上，常常是轮流活动的。在两次喷发之间，地下热流以各种方式涌动出来，构成冰岛奇特的景观，即泥火山和热喷泉。

莱伊尔这次在冰岛的短暂停留中，专门考察了泥火山和火喷泉。

在充斥火山灰泥土的河谷和泉水涌流的盆地，到处可见水汽从地下冲出来，发出丝丝刺耳的响声，还能闻到硫黄味。有时在黑色泥浆的沸水塘中，不时冒出大气泡，连同泥水冲出水面5—6米高，落下来，在喷口周边形成圆锥形泥丘，即泥火山。其周长从几米到几十米不等。

在冰岛的西南部有100多个热喷泉。这一带分布着很厚的熔岩，泉水就是从其中流出来的。熔岩是东50千米的火山爆发的产物。这里的地面裂缝很多，贴近有的裂隙，可以听到地下水的流动声。莱伊尔还听当地人说，每次强烈的地震后，有的热泉增强喷发，有的减少流量，有的则完全停止活动，但还会出现新的温泉。他想，这些都是裂隙的产生、扩大或封闭所引起的变化。

在这一带，最闻名的要属"大喷泉"了。

由向导引路，莱伊尔来到大喷泉所在地区。看到到处热气弥漫，地下冒出的热水有些烫手。大喷泉是从一个圆丘顶上的小盆地中流出的。圆丘是由泉水带上来的硅质沉淀结壳组成的。盆地的直径为14—17米。盆地中央有一个垂直深度为23米，直径2—3米的颈管，愈靠近地面喷口愈大，管道内部也是由白色的硅质物组成的，而且很光滑。盆地边缘两侧，还有两个通道向外，可以流出泉水。当时盆地里无水是空的，喷泉正处于间歇期，听说已有几天了。盆地附近集聚了不少人，都是在等待泉水喷发的。莱伊尔乘此时间，边观察、边信手勾绘了一张大喷泉的喷口图。不久，听到地下发出大炮般的轰鸣声，地面也有些抖动，沸腾的泉水，沿管道升上来，很快充满盆口。随着轰鸣声增强，抖动加剧，猛然间，粗大的水柱，轰的一声冲出来，冲向空中达50—60米，像人工喷泉那样。喷了一段时间后，管道里的水喷完了，随着一声如雷的巨响，管道喷口处冲出一股强大的蒸气柱，于是这次喷发结束了。莱伊尔一看表，大喷泉这一次喷了5分钟，间歇时间没有规律，时长时短。看完了大喷泉喷发的盛景，人们都散去了。

在返回旅馆的路上，莱伊尔考虑着间歇热喷泉的成因。他想到，在这里地下多孔洞的岩石中，地下水突然流入很热的岩石裂隙，水立刻变成蒸汽，而蒸汽迅速通过裂隙时，带着水一同冲出地面，形成喷泉。喷发过后，蒸汽开始冷凝，水又渗流回来，等待再次喷发。由此可见，产生间歇热泉的必备条件是水源、热源和通道。

冰岛历来多火山，熔岩的孔隙也很多；冰岛的雨雪多，水量补给充沛。因此，才产生了冰岛众多的间歇热喷泉和泥火山。

莱伊尔经过在冰岛的考察认为，由冰岛的火山、热喷泉的广泛发育，可知其地下热源异常充足，这是冰岛不冷的一个深层次的内在因素。

攀上埃特纳火山

1828年11月，在吉米特罗博士陪同下，莱伊尔第一次到意大利西南部的西西里岛，考察向往已久的埃特纳火山。

举世闻名的埃特纳火山，巍然矗立在西西里岛东北部的海边，海拔3 326米。火山锥基部近圆形，周长约140千米。它在近代的每个世纪都喷发几次，熔岩的分布范围很广。

莱伊尔和吉米特罗从阳面山坡攀登而上，沿途发现，这座火山锥的自然景观，垂直分带很明显。从下而上，第一个地带是山麓边缘优美的田园，人烟稠密，农业发达，田地上长满橄榄树、葡萄树以及其他果树；向上第二带是森林地带，林木环绕山坡，茁壮成长，林间夹有丰美的草地；再向上到第三带，属于荒原区，是以黑色熔岩和火山渣分布为主的荒凉地带，其上部边缘，和一个高台地相接。两位学者边登山边交谈着，到了高台地，也就把这里的垂直分带划分完了，取得完全一致的意见，他俩都满意地笑了。

两人站在高台地上，看到台地上满布积雪。台地的中部耸立着330米高的主要火山锥。锥顶的火山口，不断地冒出烟雾。在附近，还可以闻到硫黄味，他俩继续向火山口攀登。

吉米特罗博士说：

"1819年的火山喷发，远看就好像是从这个大火山口开始的。那时候，我在卡塔尼亚城，首先感到一次猛烈的震动，然后，听到沉闷的爆炸声，带火星的烟雾从大火山口升腾很高，不一会儿，这里的天空被映照得通红，是岩浆充满火山颈，涌向火山口了。但熔岩流却是从火山锥东北侧的几个喷口相继溢出的。喷口的位置一个比一个低，沿北东方向分布，在地下可能是由一条裂缝连通着的。"

越向上越难走。突出的地方，棱角尖锐，凹下的部分又盖着积雪，踩上去很滑。两人手脚并用，极其艰难地攀登，终于到达了火山口边上，看到火山口内，全是熔岩，从裂隙中不时冒出热气来，硫黄味扑鼻。在火山口壁的一侧，厚层火山灰下，还有几米厚的冰层。观察了一会儿，他俩就离开了这个极其危险的地方。他俩绕道下去，回到台地上，又向西南走，去看那一带熔岩分布的情况。

他俩在台地的西南边缘，向下望去，森林带里，分布着很多小火山锥。它们高低不一，大小各异，错综排列成美观而颇具画意的火山群。上部的火山锥长满高大的松树，下部也有栎树等簇拥，说明火山已爆发多年了。

莱伊尔惋惜地说：

"可惜我不是画家，否则，可以把它们收进画面，将来会成为传世佳作。"

吉米特罗劝解说：

"请别叹息，往后，你可以大显身手的地方还多着呢！"

吉米特罗引莱伊尔来到台地东北边缘。这一带是近年来的喷发熔岩分布最多的地方。莱伊尔看到这里与其他地方自然景观迥然不同，是一个深切的近圆形谷地。吉米特罗说，这就是波芙谷。

埃特纳火山这种奇特的火山地貌，引起莱伊尔极大的兴趣。他观察估算，波芙谷的直径有7—8千米，其源头是从脚下高台地东部边缘，近1 000米高的峭壁处开始的。向下看去，谷地里凹凸不平，南边还有白雪，十来座小火山锥分布其中，有的还冒着烟雾。南北两边都是陡峭的岩壁。远远望去，还可看到岩壁中贯穿有多条突出的直立的浅岩脉。谷壁向东北延伸，高度逐渐降低到100多米。

当时是埃特纳火山最后一次喷发的第九个年头。他俩仍可看到几百棵被烤焦的死树挺立在凝固的熔岩边上，正如一首诗里所描绘的情景：

天火烧毁了山上的苍松和林中的橡树，

但灼伤的赤裸枝干，

还庄严地立在摧毁了的荒原上。

整个谷地寂静无声，没有流水，也没有鸟鸣。谷地的上空，弥漫着白绒似的浮云。中午时分，蒸汽开始上升，谷中的石峦、火山锥时隐时现。

吉米特罗说：

"1819年的熔岩流，从这里倾泻而下，到前面，绕过卡兰那山流下去，熔岩倾斜的角度达40°—50°。"

此后，他俩又下到坡度较为平缓的地方观察，熔岩凝固的外壳，大都呈棕褐色，粗糙不平，还有不少裂隙。有的部位还堆积成小丘。

两人又回到高台地上，攀上爬下地考察，这一天是太累了，于是他们坐下来休息片刻。莱伊尔回首俯瞰波芙谷，然后转身再次远眺，埃特纳山峰上的皑皑白雪在升腾的云雾中闪光。他心中总有种不尽兴的感觉，于是随手画了一张素描，作为对这次考察的留念。画中，山峰和谷地景观尽收眼底。

波芙谷探幽

　　埃特纳火山的奇特景象——波芙谷，一直留在莱伊尔的脑际。他时常想，这种奇特的景观是怎样形成的呢？有的说是山洪暴发冲蚀切割成的；还有的说是火山爆发形成的。究竟是怎样形成的呢？

　　1858年秋天，61岁的莱伊尔，带着这个问题，再次来到埃特纳火山南边的卡塔尼亚城。他不顾旅途的劳累，第二天，即约吉米特罗博士一起去考察。

　　这天，两位老搭档，备好行装，骑上毛驴，出卡塔尼亚城往西行，来到西密托河边，站在被河水冲刷出来的石灰岩上，远望埃特纳火山，看到这座雄伟的火山锥基部，就坐落在脚下的石灰岩层上面。在这里，两位学者交流观感，一致认为，这座火山，最早也是在距今300万—1200万年的上新世以后才开始喷发形成的。现在高台地上的火山锥，是经过多次火山爆发后形成的。其最高台地，应是古代一次最强烈喷发形成的火山锥顶被截切的结果，成了近代火山锥的高基座。

两人你一言，我一语地热烈交流着。

吉米特罗博士说：

"这样推测埃特纳火山锥基座的由来，是合乎实际的。"

莱伊尔博士说：

"这也为揭示在火山基座形成过程中形成的波芙谷的成因，提供了思路。试想，在此基座侧面凹下的这个'大圆坑'，只有爆破，才是可能的。"

吉米特罗博士越发高兴地说：

"对极了，我们就沿着这个思路探索下去，当然，需要找到更多的证据。"

此后，两位博士骑着毛驴深入波芙谷。当来到萨法拉那附近时，看到于1852年喷发的熔岩表面上，许多裂隙和气孔还冒热气。卡兰那河谷地变成一片乌黑的荒场。高出河谷的地带，有的地方也被最近这次喷发的熔岩覆盖了。在整个谷地，他俩只见到几只山羊，在长满灌木的小山丘上吃草，两位博士对此感到分外亲切。

踏着深褐色火山岩石，绕过山峦，两人来到非诺西倭。这是一个荒漠中的绿洲，周围被熔岩流包围，平缓的小山丘上，灌木丛生，绿草满地，还长着几束黄花和番红花，显得分外妖娆。

两人见此，不禁心旷神怡，异口同声地说：

"今夜就在这里宿营了！"

两人当即搭起帐篷，休息就餐。

初秋的波芙谷之夜是宁静的。两人躺在帐篷里，吉米特罗很快就入睡了。莱伊尔倾听着身边旅伴均匀的呼吸声和帐外毛驴的吃草声，不知何时也入梦了。后来，他们突然被毛驴的吼叫、踢跳所惊醒。两人都迅即坐起身，又听到几声狼的长啸，于是点燃蜡烛，抓起地质锤，跑出了帐篷。毛驴见主人出来，也不骚动了，两支长耳朵，还不时竖起，伸向西北方向，狼是在那里出没的。莱伊尔抚摸着毛驴的额头和颈背，环顾四野，周边的一切都笼罩在黑色的夜幕之中，哪里还能看到狼的踪影？两人又回到帐篷，和衣而卧。

莱伊尔睡意全无，他思考着，为什么火山喷发口多在谷地里？于是萌发出在谷地里曾有过一个大爆发中心的念头。这个中心曾经大爆发，但又被后来的熔岩覆盖上了。想到这里，他兴奋极了，就把想法说给了同伴。

吉米特罗说：

"真是妙极了，如果真是这样，在周围岩壁上，应该留下遗迹的。"

在两位学者高兴的议论中，一个新的考察计划形成了。

第二天，他俩一早起来，全无倦意，又赶着毛驴向东北方的岩壁进发。远远便看到岩壁上突出的粗大岩脉，于是他们加快了脚步。走到跟前，攀上岩壁去看。这里的岩壁由火山岩层叠置而成，向东北倾斜，倾角20°—30°。岩脉直立，向东北插入岩壁中，厚度2—3米。他俩又沿陡壁向西南走了4千米，发现火山岩层的倾斜方向，以及岩脉的走向，逐步向北偏转了一些。在返回非诺西倭的路上，莱伊尔将今天观察到的情况联系起来，不禁想到，在非诺西倭的西南，可能存在一个古喷发中心。于是他就将这个设想，告诉了吉米特罗。

吉米特罗赞同说：

"埃特纳主火山口在喷发时，曾经有过向上隆起，产生放射状裂缝，充填的是暗色岩脉。波芙谷里有过一个喷发中心是可能的，也应该有类似的迹象。"

两位科学家越说越高兴，吉米特罗还唱起了牧羊曲。莱伊尔感到，要梦想成真，还有待明天的进一步探索。

进入波芙谷的第三天，莱伊尔和吉米特罗向西南经特里福格里托，到罗卡一带陡岩下考察，看到这里的熔岩层是向西南倾斜。向东走一段，熔岩层倾斜方向转向南；两人又回过头来，向西追索，到罗卡以西，转为正面了。同时，看到几条岩脉的走向，也随熔岩层倾斜方向变化。两人注意到，将两天来在每个观测点所测到的熔岩层倾斜方向，按分布画到图上，倾斜线大致交会在特里福格里托。这里应是一个古火山口的所在地了。

他俩继续向西跋涉，好不容易才到达基阿尼柯里山下，这里峭壁陡立，无路可走，他俩仅在峭壁左侧找到一个可攀登的陡坎垭口，莱伊尔登上去，他只顾思考问题，一脚踩空，差点滑下去，幸好被吉米特罗接住，否则就一命呜呼了。

两人下来，肩并肩靠在岩壁下休息。莱伊尔忽然又有所悟，他说道：

"咱们俩个人，你个子高在西边，就像是埃特纳火山，我在东边，就像是波芙谷的古火山，这里的水平熔岩层，就是连接这两个火山锥肩部的，所以比较平缓。"

一面说着，莱伊尔还用左肩膀触动了几下吉米特罗的右臂。

吉米特罗左手拍拍自己的后脑勺，右手抚摸着莱伊尔的头说：

"这样说来，埃特纳火山，原本是一座双锥火山了。"

两位学者热烈地议论着，完全忘却了疲劳。莱伊尔随手勾绘出埃特纳火山至特里福格里托喷发中心的理想剖面。

莱伊尔指着剖面说：

"埃特纳火山锥原本就处于高位，熔岩厚得多。后来在特里福格里托喷口发生大爆炸和塌陷，形成了波芙谷。又经过多次喷发，熔岩充填，波芙谷的面貌，也在不断地改变。"

莱伊尔和吉米特罗带着波芙谷探幽取得的科学成果，满意地回到卡塔尼亚城。

瀑布后退的告诫

莱伊尔的地学研究，不局限于欧洲各国，对美洲的重大地理问题，他也做过实地考察和研究。

1841年，莱伊尔到北美，对尼亚加拉河流域进行反复考察。他不仅观赏了瀑布的壮丽景象，也注意探索了瀑布的形成和变化。

尼亚加拉大瀑布，位于美国与加拿大两国之间，尼亚加拉河的中段。这条河较短，仅有58千米，发源于伊利湖，向北流入安大略湖。两湖水面高差近100米。伊利湖面积2.6万平方千米，最大深度达64米，还与休伦湖连通，所以水量极其丰富。

瀑布的上源实际上为两条河，一条是尼亚加拉东河，一条是尼亚加拉西河，在伊利湖北30千米处汇合，形成巨大的水流，到陡峭的岩壁处，如同宽大的水帘，飘荡而下，浪花飞溅，腾空的水珠，像浓雾一样，弥漫到附近几平方千米的范围内，在阳光照耀下，闪现出一道道彩虹，横挂在瀑布上空，光彩夺目。瀑布发出的轰鸣声，震耳欲聋，5千米外都可听到。接近瀑布边细看，才知道瀑布是由两个巨大的水帘组成，其间被果树岛分开，东边的叫亚美利加瀑布，水帘宽304米，落差51米；西边的叫马蹄形瀑布，宽914米，落差48米。两大瀑布毗连，极为壮观。

莱伊尔沿尼亚加拉河东西两岸，从南到北，又从北到南，走了两遍，仔细考察了尼亚加拉河流域的全貌。他看到尼亚加拉河是在北美的台地上流淌的河流。在台地上一个大洼地里汇合形成了伊利湖，从湖口向北流出的尼亚加拉河，在宽1.6千米，长24千米的起始段，地势平坦，几乎与河岸一样，没有一个地方高出河床很多的。莱伊尔在岸边露出的沙砾石层里，还找到蚌壳等化石。这一带，还零散地分布着草木丛生的沼泽，有时河面宽达5千米。河水清澈，平静地流淌着。24千米的河段，落差只有4米多，像是从伊利湖伸出的一个港汊。

当其流近瀑布时，地势地貌就全变样了。开始在凹凸不平的石灰岩表面上冲过，势如奔马，奔腾1.6千米后，从一个近50米高的峭壁上，向下直泻，形成瀑布。中间被山羊岛分成宽窄不一的两部分，落入一个深水塘里，再以很高的速度，沿峡谷向下游冲去。

莱伊尔继续沿峡谷岸边向下游观察。看到峡谷的宽度从60米至110米不等，比河的上游要窄得多。峡谷10千米长，深度60—90米。这段峡谷河道，到昆斯城下，被安大略湖的陡峭岩壁截断。至此，尼亚加拉河流出峡谷，又进入平坦区域，经11千米到安大略湖，落差只有1米多。

莱伊尔沿河来到昆斯城下，看到台地的基岩，上部是近40米厚的石灰岩，其下是易破碎的基岩。他站在城东的一处高地上，向南瞭望，尼亚加拉河流域的景象，历历在目。于是，坐下来，精心勾绘一幅素描。

这天晚上，莱伊尔住在昆斯城，他将几天来的考察结果整理一下，想想该怎样进一步解决问题。

他一走进旅馆的大厅，首先看到迎面墙正中挂着巨幅尼亚加拉瀑布的油画。于是想到这张画可作为修改自己那张素描的样图。他注意审视这张油画，对比瀑布上、迥然不同的河道，联系瀑布冲击的威力，于是设想：从现在瀑布处到昆斯城的这段峡谷河道，本来是在台地上的浅河谷中的，瀑布的最初位置，就在昆斯城边的陡壁处。后来，由于瀑布对岩层的强烈冲蚀（称为向源侵蚀），到现在瀑布已经向后退了11千米。

为此，莱伊尔又对瀑布以下这段河道，进行了反复考察。

莱伊尔又来到峡谷口的台地上，专门考察河谷两侧地区。他终于在右侧台地上，发现一层厚达8—9米的沙砾石层，其岩性及所含有的蚌壳化石，均与瀑布以上河段岩边露出的地层相同。在这里，砾岩在台地上的浅谷地，分布宽达1.2千米。这显然是尼亚加拉河在台地上的右河道。现在的峡谷河道，仍在古河道内，不过已被切割得又深又窄了。

他又回到瀑布的陡崖下，发现翻腾的涌浪，猛烈冲击崖下的页岩，有的地方竟掘进了1 000米深。页岩上的石灰岩，继续受到水流的侵蚀，以及岩石自重的压力，一旦支撑不住，就会垮塌下来。所以瀑布的位置绝不是固定不变的。历史上有记录的是1828年发生的塌落，巨大的石块落下来，使邻近地区都有震动的感觉。可见，只要有足够的时间，河流是有能力使瀑布的位置逐步向后移动的。

这样看来，尼亚加拉大瀑布后退的证据，似乎较为充分了。

但是，经过多少年，瀑布才退到现在的位置呢？

莱伊尔通过对移居到瀑布附近几户居民的调查，了解到瀑布起初的位置，与现在的距离，以及经历的年限等，经过多方面反复核对，得出平均每年后退0.3米的结论。照此速度，从昆斯城峭壁，后退到现在的位置，需要3.7万年。按照这个速度推算，瀑布从现在位置，再后退25千米，需要8.3万年。即在8.3万年后，瀑布就与伊利湖连通了，即可能导致湖水大量排出，造成水灾。对于此种情况，后人是不可不预防的。这是莱伊尔给予后人的告诫。

神学的叛逆者

　　莱伊尔在地质学上的突出贡献之一，是他提出了地质渐变论和支持生物进化论的理论。18世纪，来自教会的神学阻碍，以及"灾变论"的干扰和影响，使地质学的发展曾一度举步维艰。因此，莱伊尔的地质渐变论同达·尔文的系统的生物进化论，像一支利剑，一把匕首，冲破层层阻拦，把地质学和古生物学的发展，引导到正确的科学轨道上来。

　　下面不妨回顾一下18世纪地学界的社会背景，看一看当时闹出的一些笑话吧！

当时，一些挂着自然科学家招牌的"学者"，简直就是教会在科学界的代言人。瑞士的余赫泽（1672—1733）就是挂羊头卖狗肉的一位"学者"。他竭力把地球表面起伏的地形，各种沉积的岩层，以及含在岩层中间的所有化石，都看作《圣经》上所说的大洪水的产物，是大洪水的遗迹。因此，他当时成为"洪积论学派"的首领。原来，他对化石的理解只是跟在别人的后面喊什么"自然的玩技"，后来，则完全坚信是"洪水的遗物"了。

　　1726年，余赫泽在瑞士的埃宁根采石场发掘到一块化石，他如获至宝，爱不释手，立即开动他的脑筋来做"鉴定"。他从《圣经》的大洪水教义中悟出一个"道理"来，便大喊大叫，"看呀！这是一个婴孩的头部和躯干前部的化石啊！真造孽！"于是，"人婴化石"便在他的论文中叙述起来了。

　　"这是大洪水泛滥前被上帝所诅咒的人类遗体呀！他的额骨轮廓，眼窝周围的边框，被第五对大神经所穿过的孔穴，脑壳的残留部分，两侧面颊的骨骼以及鼻骨的形态都看得清清楚楚。甚至一束束咀嚼肌肉，17块脊椎骨，以及部分皮肤的残片都还好像活着时候的样子啊！"

于是余赫泽借题发挥，煞有介事地告诫同辈人说："这是受难者所变成的遗骸！现在作恶多端，不循上帝意旨行事的人们，应该改恶从善，收敛手脚。不然，上帝也会给你同样的可悲下场呀！"

后来查明，这具被余赫泽吹得天花乱坠的"人婴化石"，实际上是一具曾生活于渐新世的巨型两栖类——蝾螈的头骨及其前躯部分的化石，它的亲近属类现在还生存于日本。

但是，在18世纪时，神父和牧师们却把余赫泽的发现奉若神明，大肆宣传，轰动世界。后来，法国的古生物学家居维叶，公然给这块化石正式命名为"余赫泽蝾螈"，真是岂有此理。

此后又在发现"人婴化石"的采石场，发现了一些鱼化石，于是余赫泽又写文章，以鱼界代表的身份大声疾呼道：

"我们原来是清白无辜的啊！只是在诺亚洪水泛滥的时候，为了替人们赎罪，作了自我牺牲。而如今，人心不善，对我反眼，装做不认识了，把我看成一撮没有生命的矿物质，冤枉呀！冤枉！我要申诉！我要申诉！"

这就是当时地质学萌芽时期的社会背景。显而易见，这不是什么科学家！然而，像余赫泽这样的"学者"，还不乏其人。英国的伍德沃德就是其中的一个。伍德沃德是一个医学教授，由于偶然的兴趣，也到野外去采集化石，并且按地层层序进行研究，就他的工作方法来说，是无可非议的。但由于他笃信《圣经》的诺亚洪水之说，他的科学论文（1695）竟成了牧师的传声筒。他写道：

　　"当洪水发生的时候，地壳被冲碎了，地层重新沉积，海生的生物也就按其体重的大小在地层里堆积，重量大的埋藏到岩石里，重量轻的埋藏到白垩里。"

　　这种荒唐可笑的"理论"，使自然科学遭到莫大的损失。

　　几乎到18世纪晚期，在研究地球历史和古生物化石的学者中间，支持世界大洪水说法的才越来越少。但是某些教会的"学者"，仍然妄想把这个邪说坚持下去。比如说1788年，都柏林皇家学院院长乐克·寇万在《论地质学》中，赤裸裸地说：

　　"攻击天主教的武器变样了，现在用地质学来攻击了，这门科学知识，变成了神职人员必要的学问。"

果然，有个英国主教贝克莱（1784—1856）步其后尘，在1823年出版的文章中还提到洞穴、裂隙和洪积砾石层中的化石，仍旧是大洪水时期的产物。他伙同另一个主教赛德维克在洪积砾石层中寻找"证据"，妄图在保护《圣经》教义方面再作一回挣扎。

莱伊尔等一辈真正的地质学家，为了开创这一新的学科领域，不辞辛苦，踏遍山山水水，进行综合性的地质考察，获得宝贵的实际资料，经过研究整理，提出了地质渐变论等理论。

在《地质学原理》一书中，莱伊尔认为地质历史上所有的地壳变化并不是什么特殊力量造成的，也没有特殊规模的现象。也就是说，地质上从来没有发生过任何突如其来的灾变。地壳的所有变化，都是我们日常间所见到的，风、雨、河流、海洋、地震、火山等各种地质因素在长期地、缓慢地作用着，由于这些作用，不断地改变着地表的面貌。

莱伊尔还提出，要研究过去的地球面貌，就从今天我们所知道的情况出发，也就是运用现实主义的方法研究地质学。

莱伊尔生活的时代已经过去200多年了，他的地质渐变论和"将今论古"原则，已经为广大的地学工作者所接受，莱伊尔所奠定的地质学基础，现在已经更加完善了。

为威廉·史密斯正名

　　被英国地质界称为"英国地质学之父"的威廉·史密斯（1769—1839），提出了著名的"化石层序律"。可是，由于当时他只是一个测量工人，成果竟被他人窃取了，后来是莱伊尔为他正名的，把功劳和发明归还给史密斯，剽窃者受到了社会舆论的批评。

　　莱伊尔为威廉·史密斯正名的事，还得从史密斯的发现说起。

　　威廉·史密斯出生于英国一个贫寒的家庭里，幼年时就失去了父亲，生活十分困难，中学也无法念完就投身到社会，自谋出路去了。年轻的史密斯做过各种勤杂工，后来找到一份测量土地时扛标尺的工作。

作为一个标尺工的史密斯，成天奔跑在野外，出没在深山老林，工作比较辛苦劳累。这些工作，多半是家庭经济困难的青年迫于生活而从事的。但是，聪明好学的史密斯，并没有因为当标尺工而感到厌烦；相反，在野外他经常是被大自然的奥秘所吸引，去思考各种自然现象是怎么形成的，这个现象与那个现象之间有什么内在联系。特别是他对山上的石头开始发生了兴趣，以后，他利用业余时间，阅读各种有关书籍，以坚韧不拔的精神进行自学。

开始，他参加英国南部的一个煤矿矿区工作，和采煤工人经常接触交谈，对煤层的出露和埋藏规律有所了解。可是，当时地质科学还不够发达，对于煤层的埋藏规律、开采技术等问题还没有掌握，挖掘煤层有很大的盲目性，有时能够碰到煤，有时则会扑空。于是史密斯利用测量地形的机会，时刻细心观察煤层的分布特点，捉摸煤层埋藏的标志。通过不断的实地调查，再加上反复周密的思考，终于使他摸索到了挖掘煤层的一些规律。

威廉·史密斯告诉矿工们：煤层往往和植物化石在一

起，所以地层中的植物化石，可以作为找煤的标志。而这里的含煤地层深埋在地下，它的上面是一层红土层，这里找不到化石，在红土层之上，是沙土层，这里含有丰富的介壳类化石。

果然，矿工们按照史密斯的指点很有把握地找到了煤层，给挖煤工作带来极大的方便。史密斯首次把化石和地层关联起来，并用于找矿获得成功。这使他对化石的兴趣更加浓厚，因而更多地注意化石了。

后来，史密斯在开凿河道的测量工作中，根据已开凿的河道两岸的岩石性质，比如红色砂岩下面是灰色页片状岩石，再下面是浅色石灰岩等特点，再加上岩石所含的化石情况，例如灰色页片状岩石中含菊石化石、浅色石灰岩中含介壳化石等，经过一番整理、分析，发现某种化石的出现，只与某种特定的岩层有关。于是，他运用这个规律去指导挖掘工作，实现了对工程量的精密计算。

威廉·史密斯又把这个发现运用于对附近山体的研究，也很有成效。从此，他建立了化石和地层层序之间的关系，并且运用这个原则去说明地层的分布规律。这时，他才只有27岁，而且是一个扛标杆的测量工人。

史密斯的这项发现，也就是地质学上所称的"化石层序律"。直到今天，野外地层工作者，基本上还是按史密斯的发现进行工作的。

　　"化石层序律"虽然是史密斯于1799年发现的，但在当时英国的社会里，一个默默无闻的测量工人的发现，是不可能得到重视的。所以，史密斯的发现并没有立刻传开，也不可能在社会上引起重视。

　　然而，史密斯和他的朋友却经常谈起此事。有一次，史密斯和他的朋友们在一间咖啡店里闲聊，无意中又谈论到怎样划分地层的问题。当时，史密斯就把自己在山区和运河工地上多年来的观察心得告诉给他的朋友。

　　他们的交谈被邻座的一位牧师听见了，他微笑着，慢慢地走过来向史密斯打招呼。

　　"喂！你叫什么名字？"

　　"史密斯！"

　　"在哪里工作？"

　　"测绘队。"

　　"你刚才谈论的问题很有意思，是真的吗？"

　　"当然是真的，我亲身的经历，实践的体会，还有假的？"

"噢！你读过书吗？"

"我家里很穷，父亲早去世了，没有钱，中学也没有念完就当标尺工了。"

"噢！是这样，很好！刚才听你谈论的问题，我和我的朋友们多年来想解决它，但都未能实现，很有意思，请你再说一遍，好吗？"

史密斯又给这位牧师详细地介绍一次。最后，牧师满意地说声再见，便和史密斯分手了。

没有想到，在这次偶然的机会里，这位牧师捞到了"学术资本"，他以自己的名义把史密斯的发现向英国地质界宣布。因此，英国当时的地质界只知道牧师约瑟夫·泰乌谢德在地层和化石的研究方面做出了卓越的贡献，而不知道他的学术成果完全是从史密斯那里偷听来的。

后来，在1807年创建的"英国地质学会"发展"名誉会员"时，约瑟夫·泰乌谢德窃取了会员的荣誉。而史密斯仍然是默默无闻。

几年之后，莱伊尔听说此事，气愤到了极点。于是他积极在英国地质学会宣传史密斯的功绩，大讲牧师约瑟夫·泰乌谢德窃取学术成果的不道德行为。这样，在英国地质界，"化石层序律"的诞生过程就真相大白了。史密斯在英国地质界才获得了应有的地位。

英国的一位历史学家伍德华德为此而感叹说："遗憾！英国地质学会的名誉会员中找不到英国地质学之父史密斯，而名单中却有牧师约瑟夫·泰乌谢德。"

史密斯不仅自己细心观察和研究问题，而且对自己的研究心得和收获，从来不抱私心，不垄断资料，而是毫无保留地、热情地告诉向他了解情况的人。

莱伊尔曾这样评价他："这位作者致力于测绘英国全部的地质图，而且毫无私心地把考察所得的结果送给所有需要这一项资料的人，他的创作意见就这样宣传开了，使他的同时代者几乎以竞赛方式与他比胜。"

莱伊尔为威廉·史密斯正名，批判牧师约瑟夫·泰乌谢德窃取学术成果的不道德行为，在地学界已传为佳话。

生物进化的探索

　　18世纪后期到19世纪初期，地质学处于萌芽阶段，人们对于古生物学的奠基工作，主要做了两件事：一是迅速积累了各种动物、植物化石资料，开始有系统地进行分类描述，但只着重于形态的观察；二是提出了生物在漫长的地质历程中有无变异的问题及生物的起源问题，并由此而展开了关于进化论和神创论的激烈论战。

　　进化论的先驱者拉马克同神创论的代表人物居维叶

之间，展开了针锋相对的斗争。而莱伊尔当时很年轻，他从牛津大学毕业以后，一方面从事实地调查，一方面广泛阅读学术文献和倾听学者们的意见，最后形成了自己的观点，获得了可喜的成果。

下面我们将看到两派展开的一场曾震动欧洲学术界的大论战。

首先要提到的是进化论的先驱者——拉马克（1744—1829），他是著名的生物学家，人们通常称他为无脊椎动物学的创始人。他出身于法国北部乡村一个破落的贵族家庭，年轻时就在巴黎求学。他父母的愿望，是希望儿子能在教会里获得一个有荣誉的工作，以便重整家业。但年轻的拉马克，对宗教活动感到厌烦，而对自然科学却有无比的兴趣。

因此，当他父亲去世以后，他就脱离了耶稣教会，以志愿兵的身份参加作战部队，并因英勇作战而被提升为军官。后来，因病退伍，进入高等医科学校。

毕业后，拉马克在植物学家彼尔那尔达·德·秀斯那的指导下，从事植物学研究工作，由于他的勤奋好学，于1778年出版了第一部著作《法国植物学》。从此，拉马克更专心钻研植物学，于1789年进入巴黎皇家植物园工作。

1794年，拉马克已经50岁了。当时自然历史博物馆要开设生物学讲座，其中最为困难的讲座是"蠕虫与昆虫"，有人建议由他来担任，但拉马克一生中只研究过植物学，在动物学方面还没有进行专门的研究。这个任务确实是不容易完成，而拉马克却勇敢地答应下来。

经过了一年时间的准备，讲座终于开课了。他以新的分类讲授无脊椎动物，因而听众感到分外新颖，来听课的人十分踊跃。这次讲课，为他以后完成7卷本的巨著《无脊椎动物的自然历史》奠定了基础，这套书也是近代无脊椎动物学教程的蓝本。

接着，他又在巴黎郊区采集无脊椎动物化石，进行研究，完成了《关于巴黎附近化石的研究报告》。在报告中，他运用现生种与化石种对比的方法，指出若干物种现已绝灭，不同层位中的化石，既有区别，又有联系。

莱伊尔是十多年后才读到这本书的，当时他正在从事野外地质的实际调查。他在考察中的一些发现，与拉马克的观点非常契合。

因此，莱伊尔对拉马克是十分敬重的，拉马克的学术著作成为莱伊尔的必读之书。

1809年，拉马克出版《动物哲学》一书，这部著作对于认识化石，研究生物的发展历史来说，是十分重要的。

拉马克认为：

所有的生物都不是上帝创造的，而是进化来的，所需的时间极长；复杂的生物由简单的生物进化而来，生物具有向上发展的本能趋向，而最低等的生物则是由非生命的自然界直接诞生的；生物为了适应环境继续生存，因此物种一定要变；家养可以使物种发生巨大变化，与野生祖先大不相同；生物为适应环境，经常使用的器官发达，不用则退化，这种变化可以遗传；等等。这些观点构成了拉马克"用进废退"的生物进化论。

这些论点，对神创论是有力的反击，特别是对同时代居维叶物种不变论的有力驳斥。但不幸的是，法国的反动势力对拉马克的进步学说进行压制，拉马克本人不断遭到教会顽固势力的迫害。

1818年，拉马克双目失明了。他不得不停止讲课，但他的科研工作仍继续进行，特别是他没有放弃与反动的神创论的斗争。他的两个女儿帮助他收集资料，并念给他听。拉马克口述，女儿作记录，就这样坚持工作。

在1820年，76岁的拉马克出版了《人类有益知识的系统分析》，同时完成了《无脊椎动物的自然历史》的最后一卷。1829年，拉马克在贫病交迫中与世长辞了。

虽然，莱伊尔未能见过拉马克，但他从拉马克的著作中汲取了许多营养，学到了分析事物的方法，坚定了生物进化的观点，这在莱伊尔的著作《地质学原理》中可以反映出来。

拉马克的对手居维叶被誉为古脊椎动物学创始人，他出身于法国东部一个城市里的贵族家庭，是一个虔诚的基督教徒。他从小就爱好博物学，毕业于斯图加特的加罗林学院。1795年到巴黎皇家植物园担任解剖部主任，并获巴黎科学院院士的称号，编写了《比较解剖学讲义》。

此后，他研究了巴黎附近新生代地层中的脊椎动物化石，于1812年出版《四足动物的骨化石研究》一书，从此奠定了古脊椎动物学的研究基础。随后，又出版了《动物界》（1817）、《地球表面的灾变论》和《鱼类自然史》等著作。

他接触了大量现代脊椎动物和古脊椎动物的标本，

并吸取了前人在这方面的研究成果，提出了"器官相关定律"。居维叶解释说："每个有机体都是一个完整而严密的体系，它的各部分都是相互适应的，任何一部分的改变都要引起另一部分的改变，因此获得一部分就可以判明其他的部分。"

"只要骨头的一端保存良好，就可以巧妙地运用类比和精确的比较，像拥有一个完整体那样准确地决定它的纲、目、属、种。"

有一次，他当着反对他的"器官相关定律"的某些科学家的面，作了一次精彩的现场表演，拿着一块采自巴黎郊区新生代地层中，但尚未完全暴露的哺乳动物化石说："你们看，这块化石只暴露出牙齿，其他部分尚被围岩盖着，但根据器官相关定律，我可以断定它是有袋类的负鼠化石，而不是如人们所说的蝙蝠类动物。因为在其腹部还有袋骨。"

说罢，他用剔针去掉了围岩，果然袋骨暴露出来了。在场的科学家们，不得不惊叹佩服。这个被命名为"居维叶负鼠"的化石标本，至今还保存在巴黎自然历史博物馆里作为纪念。

更有趣的是，据说有一个"调皮"学生，听了居维叶"器官相关定律"的讲课以后，就想试试老师。一天夜里，他把自己化装成一个奇怪的"哺乳动物"，悄悄地溜进居维叶的卧室，发出嘶叫和鼻息的声音，并装出要吃掉居维叶的样子。一阵突如其来的怪声惊醒了居维叶，在微弱的光线下，他睁大眼睛看一看，镇静地说：

"啊！没有什么了不起，你有蹄又有角，根据器官相关定律推测，你只是一只吃草的哺乳动物，何必惧怕呢？"说完，翻了一个身，居维叶又睡着了。

但是，由于居维叶是一个虔诚的基督教徒，他对于器官相关定律的产生原因，却作出了唯心论的解释，说是上帝安排好的。因此，他否认生物的变异，否认生物的进化，否认生物与生活条件的各种关系。

居维叶在《地球表面的突变论》中说："过去的物种和现生的物种一样，是永恒不变的。"

居维叶甚至认为过去的生命都由于大灾变而绝灭。"是上帝在大灾变以后，重新创造了生命，最后一次大灾变，距今约五千年了。"

莱伊尔对于居维叶的"器官相关定律"是充分肯定

的，特别是对居维叶有高强的鉴定化石的本领，十分敬佩，并从他那里学到了不少知识。但对他的神创论却是否定的、批判的。

因此，莱伊尔研究化石的注意力，就集中于解决前期留下的争论问题，希望从中找出事物的本质。

对于化石的见解，莱伊尔在承认生物演变的前提下，综合了当时许多人在生物和古生物方面的著述，对各门类化石在地质史上的经历给予明确的总结。

他指出：古老的植物群以隐花植物占优势。与现代植物直接有关的显花植物，开始于晚白垩世，第三纪的植物和现代基本一样。

无脊椎动物方面，腕足动物比软体动物低等，后者的繁荣时期晚于前者；头足动物中的四鳃目比二鳃目低等，后者从侏罗纪以后繁荣起来，而前者则是奥陶纪极盛的种类，并延续到石炭纪，以后就极稀少了。

脊椎动物方面，从低等到高等，完全可以按地质历程的先后次序排列起来，甚为明显。晚志留纪以前尚无真正的鱼类，只有低等的"鱼"类（即无颌类）；到泥盆纪，鱼类开始繁盛起来；到石炭纪时，多为硬鳞类，而此种鱼类，现代极少。从白垩纪开始，大部分鱼类都是现代常见的真骨鱼类，而硬鳞鱼类衰落。

爬行动物，泥盆纪尚无可靠的化石，到石炭纪才开始出现。全盛时代在中生代。鸟类比爬行类高等，侏罗纪才开始出现，即始姐鸟。

哺乳动物，到中生代后期才开始出现，而这些低等的哺乳类和现生的有袋类相似。到新生代才是哺乳类的全盛时代。

最后，莱伊尔写道："对于古生物学的研究，正确地引导我们达成一种结论，即无脊椎动物的产生，早于脊椎动物，而脊椎动物中的鱼类、爬行类、鸟类和哺乳类出现的年代次序，是与按照它们构造的完善程度排列的动物分类表的上升次序相符合的。"

像这样有系统地论述生物进化的历程及化石论据，有史以来还是第一次。所以，莱伊尔的地质渐变论和生物的进化论，对于把古生物学研究引导上正确轨道，起了很重要的作用。

恩格斯在赞扬莱伊尔的贡献时说："只是莱伊尔才第一次把理性带进地质学中，因为他以地球的缓慢地变化这

样一种渐进作用，代替了由于造物主的一时兴发所引起的

突然革命。"

达·尔文的良师益友

19世纪杰出的英国自然科学家达·尔文，是生物进化论的奠基人，达·尔文主义的创始人，世界名著《物种起源》的作者。

当他于1831年大学毕业时，莱伊尔已是赫赫有名的科学家了。然而，这一老一少两位科学家之间，确实存在着质朴而深厚的友谊，他们相互支持，取长补短，共同为发展科学事业做出了不朽的贡献。

1832年，达·尔文刚刚大学毕业，就由老师汉斯罗推荐，以自然科学工作者身份，登上了英国政府派出的"贝格尔"号巡洋舰，去作环球旅行。临行时，汉斯罗交给达·尔文一本莱伊尔的《地质学原理》第一册，并且明确地告诉达·尔文：不要接受莱伊尔地质渐进论的观点。一路上，达·尔文熟读了这本书，体会着书中新颖而符合实际的论述。在考察中，他把《地质学原理》当成向导和工作的指南。达·尔文感到书中所阐述的道理，比其他任何著作都好，这本书是可钦佩的书。

因此，达·尔文很快就成为莱伊尔地质渐进理论的热心拥护者。

达·尔文到过南美洲、澳大利亚、南太平洋各岛屿。他看到了地层中的生物化石同现在陆地上生存的动植物，既有相似性，也有差异性。由此，他对物种不变理论产生了怀疑，对上帝创世论提出了疑问，开始思考"物种起源"的问题。

5年的考察结束了，达·尔文带着丰富的资料回到英国。在莱伊尔的支持和鼓励下，于1837年，发表了《贝格尔号环球旅行所经各国的自然史和地质研究日记》一文，受到科学界的好评。

在莱伊尔的帮助下，达·尔文又于1845年，完成了

《一个自然科学家在贝格尔号航行日记》一书的创作。

因此，达·尔文十分感谢莱伊尔的支持与具体帮助，在该书第二版出版时，达·尔文特设专页，写下致莱伊尔的献词：

"谨以感谢和愉快的心情，将本书的第二版献给皇家学会会员查理士·莱伊尔爵士。这本日记以及作者的其他著述，如有任何学术价值，那么，这主要归功于那本著名的、可钦佩的《地质学原理》，特此致谢。"

达·尔文在书札中写道：

"我经常想，我的著作有不少东西是从莱伊尔的头脑里得来的，但实际上我对那些东西却并不十分清楚。《地质学原理》的伟大功绩，完全改变了我的精神状态，结果使我感到，即使我看到莱伊尔没看到的事实，也总是部分地通过莱伊尔的眼睛看到的。"

达·尔文进化理论的形成和发展，严格说来，是源于莱伊尔的"将今论古"观点。莱伊尔渐进的地质思想，使达·尔文认识到：现时生存的物种，是由先存物种变异和遗传而来的，而先存物种又起源于更古的、更原始的物种。达·尔文的生物进化论，反过来又促进和影响了莱伊尔学术思想的进一步发展。

1859年12月24日，达·尔文的《物种起源》一书，在伦敦出版了。在该书出版前3年，达·尔文就把物种起源的观点和新的理论，毫无保留地告诉了莱伊尔。

虽然两位伟大的科学家之间，在重大理论问题上存在着一些分歧，但莱伊尔对达·尔文仍然给予真诚的鼓励和坚定的支持，并以自己的声誉和影响，来宣传达·尔文的理论，推荐《物种起源》。

1859年，莱伊尔在英国科学协会会议上，对达·尔文已脱稿的巨著《物种起源》，给予高度评价和热情宣传。他指出："在我看来，根据他的研究和推理，对于同生物的亲缘关系、地理分布和地质连续有关的多种现象，已经提供了清楚的解释，没有其他假说能够加以解释，或试图加以解释。"莱伊尔为达·尔文《物种起源》一书的出版，排除了诸多障碍和阻力。

达·尔文在《物种起源》出版半年后，给英国自然科学家胡克的信中说：

"有一点是看得很清楚的，没有莱伊尔、你、赫胥黎等的帮助，我那本书是不能完成的。"

莱伊尔崇尚实地考察，喜欢从繁多的自然现象中，探索真知灼见，提出创新，所以他器重达·尔文。尽管在有的问题上他与达·尔文的观点，当时有大的分歧。他曾认为物种是不变的，生物的进化是超自然的智慧造成的，并就此与达·尔文发生过激烈争论。

　　后来，莱伊尔饶有兴趣地参观了达·尔文的养殖实验场。里边的鸽子有好几百只，咕咕叫个不停。达·尔文向他介绍说：

　　"这些鸽子，都是从埃及和印度运来的，在东方那些文明古国的家鸽，已驯养了几千年，是由那里的一种翼部和尾部具蓝色或黑色条带，以及白色尾翼外缘的野鸽，繁衍成许多种的。表面看来，现在的传信鸽、短脸翻空鸽、球胸鸽和扇尾鸽等，体态和羽毛颜色是不同的；而从解剖学角度看来，其内部骨骼也发生了变化，如尾椎骨的数目、胸骨的宽度及头骨的大小等，也都与野鸽不同了。这些都是物种产生变异的情况。"

　　莱伊尔又阅读了达·尔文提供的其他许多实验观察资料，终于接受了达·尔文的物种变异理论和自然选择学说。这使达·尔文深受感动。

他称赞莱伊尔说：

"鉴于他的年龄，他以前的观点以及在社会上的地位，我认为他对这一理论的态度，是勇敢坦诚的。"

此后，莱伊尔在《地质学原理》第十版中，以此做了补充修订，并据此论证了人类的起源和演化。

莱伊尔从几位航海家那里得知，在太平洋中的几十个珊瑚岛，大都为环礁，中央有泻湖，直径2—50千米不等，有几十米至几百米宽的陆地围绕着。这些狭窄的陆地上，有的绿树成荫，外缘白沙闪烁，白沙的边缘随海浪翻卷，内部包围着一个静静的泻湖。珊瑚就在环礁内外边缘生长。

莱伊尔还了解到，太平洋的珊瑚礁分布区域里，有许多火山。而有的四周围绕珊瑚礁的泻湖中，突出水面的岩石就是熔岩，形态像火山锥。

根据以上的情况，莱伊尔提出珊瑚生长在水下火山口顶部的观点。

后来他了解到，有的环礁内露出的不是火山岩，有些海域几处环礁的泻湖出口，有规律地分布在某一方向，且都向着背风的那一边。他自己感到，对此问题，有待进一步研究。

正是在莱伊尔对珊瑚礁的成因，感到有些迷惑不解的时候，达·尔文根据在环球航行中，对珊瑚礁的详细考察，认为造礁珊瑚，是在小海岛周围40—50米深的水中繁衍造礁的。只有海底逐渐下沉，其上的珊瑚礁才能不断增长。如果沉陷的速度不是很快，不断增长的珊瑚，总能继续到达水面，整个珊瑚礁体，总在增加上下长度。岛上的陆地则逐渐下沉，直到被海水淹没，其位置则被泻湖所占据。其外围的珊瑚礁，除了向上略有收缩外，位置保持不变。

莱伊尔非常赞同达·尔文对珊瑚礁成因的分析，称赞道：

"这是实际探索取得的突出成果，是达·尔文环球航行科学之光的又一次闪现。"

他把这些见解，载入《地质学原理》的有关部分，留传后世。

莱伊尔的《地质学原理》和达·尔文的《物种起源》，是代表19世纪进化论思想的姊妹篇，在自然科学界和哲学界产生巨大的影响。

两位科学家在科学探索的道路上，建立了深厚的友谊，他们交往密切，相互尊重，取长补短，促进了各自认识的提高，成为发展科学事业的典范。莱伊尔可以当之无愧地被称为达·尔文的良师益友。

生命不息，战斗不止

从1830—1873年的43年间，莱伊尔所著《地质学原理》共出了11版，各国译本也纷纷发行，风靡世界。在中国，此书于清同治十二年（1873），由华蘅芳翻译出版，译名为《地学浅释》。1959年，由徐书曼将《地质学原理》英文第11版译成中文，由科学出版社出版。

莱伊尔所著《地质学原理》，是一部代表19世纪进化论地质学的总结性作品，被誉为自然科学史上划时代的名著。

恩格斯在《自然辩证法》一书中指出，在自然科学史上，对保守思潮打穿了"缺口"的杰出科学成就有："第一缺口，康德和拉普拉斯；第二个，地质学和古生物学（莱伊尔，缓慢进化论学说）。……"

《地质学原理》为当时许多自然科学家所推崇。著名生物学家达·尔文指出："莱伊尔在他那本可敬佩的书中发表了他的观点，现在我已经成为这个观点的热心信徒。在南美洲的地质调查，引导着我把这些观点的某些部分，引申到更深入的程度……"著名生物学家赫胥黎也指出："莱伊尔是一个主要的行动者，为别人和我自己铺平了达·尔文主义的道路。"

《地质学原理》出版后，莱伊尔在地质科学上的研究，并没有停歇，他把全部精力集中在野外地质考察和研究上。

1833年，莱伊尔再次从巴黎到波恩，沿莱茵河到法兰克福、曼海姆，又到比利时东部和法国北部的沿海一带，进行海洋地质考察。

1834年，他到斯堪的纳维亚半岛进行考察，看到岩石海岸地壳的上升，在高高耸立的海岸岩石上，往日海浪蚀成的海蚀洞，几乎上升到山半腰。这次考察的成果，后来补充入《地质学原理》一书的第三版中。

1835年，莱伊尔应邀去波恩，参加德国科协召开的会议，会上被推举为地学组领导人之一。1836年，又以伦敦地质学会地质年会主席的身份，主持学术年会。

1837年，莱伊尔经丹麦到挪威进行地质考察，这一年的考察成果被补充到《地质学原理》第五版中。他总是不断地补充修改他的观点，充实他的著作，使之丰富和完善起来。

1838—1840年，莱伊尔主要从事冰川地质的考察，他提出了冰河期的概念，从而建立起第四纪的完整体系。

1840年，在伦敦地质学会上，他听到瑞士著名自然科学家阿卡则宣读有关冰河期的报告和论证时，他根据阿卡则提供的资料，重新修订了划分第四纪地层系统的科学依据，纠正了他过去把某些苏格兰冰川地形，当作古海侵蚀面遗迹的片面看法，修正了他在《地质学原理》第一册第十六章中的有关冰川的论述。

1841—1842年，莱伊尔到北美进行地质考察。他在美国著名地质学家霍尔的陪同下，研究了魁北克地区下古生界（距今350百万—600百万年）与结晶岩系的不整合关系，考察了尼亚加拉瀑布。这次考察的资料，补充到《地质学原理》第11版第二篇水成作用一章中。

莱伊尔在北美的这次考察中，还观察了煤层植物化石——痕木的原生态，他直接引用加拿大地质学家罗干的原生煤层理论，来解释美国宾夕法尼亚煤田的地质现象。在此期间，他还应邀出席了在波士顿召开的美国地质工作者协会大会，在会上，他作了专题学术报告。回国后，他集中精力从事北美考察资料、标本的整理工作与报告的编写工作。

经过3年的艰辛努力，莱伊尔于1845年，出版了《北美旅行记》两卷，书中生动地描述了北美地质考察的过程、地质现象和地质作用。这本书成为后来研究北美地质的重要文献。

1845年，莱伊尔又带着新的课题去美国考察。这次他又考察了宾夕法尼亚煤田地层，密西西比河沿岸地质、三角洲、冲积平原的成因、发展等地质情况，最后进行了分析归纳，提高到理论高度加以认识。

1846年，回到英国后，在英国科学协会，做了第二次美国之行的科学报告。

1848年，开始整理第二次去美国考察的资料，编写《美国第二次访问记》，该书于1849年出版。

1850年，莱伊尔又一次去比利时和德国考察，记述了典型的地层露头、地貌和其他地质现象。在德国，他会见了著名的近代地理学奠基人洪堡。两位著名的科学家，畅谈了许多重大的地学问题。其中，特别是关于火山的讨论，更为精彩。

洪保对火山的观察研究较早，论述精辟；莱伊尔从中得到很多教益，以后充实到《地质学原理》的相关部分中。

1852年，莱伊尔到波士顿罗维尔研究所讲学，他大量引用北美和欧洲的考察资料，宣传地质渐进的观点。他讲课内容丰富，生动有趣，有不少是亲身体会，深受听众欢迎。

此后，又到欧洲许多国家考察，先后到过瑞士、奥地利、西班牙、捷克等国，专门考察了瑞士的冰川活动，分析了冰川移动的情况和原因。还研究了瑞士第四纪冰川遗迹，并与苏格兰高原冰川遗迹相对比，认为二者同属阿尔卑斯冰期的一部分。

1859年，莱伊尔再一次到荷兰和法国考察，在荷兰研究了海水面上升问题，观察了被海水淹没的村镇。海侵是地壳下降的表现，可以淹没海岸附近的村庄和耕地。海水刚淹没村庄时，房屋还露出一些屋顶，后来就慢慢沉没在海水中了。原来是陆地的地方，变成一片汪洋大海，桑田变成了沧海。

1860年，莱伊尔去牛津大学参加了英国科学协会会议，同年又去德国考察，开始收集和整理有关人类起源与演化的资料，致力于这一学术问题的探索。

1861年，由于学术成就卓著和崇高的威信，莱伊尔当选为英国皇家学会主席，受命任英国博物馆馆长，荣获普鲁士科学奖，并被选为法国科学院通讯院士。

1872年，莱伊尔已是75岁的老人了，他不顾年老体衰，又一次专程到法国考察洞穴堆积，获得不少珍贵资料，为撰写《人类演化的地质证据》一书和修订补充《地质学原理》这部巨著，孜孜不倦地工作。

1875年2月22日，近代地质学的奠基人，享有盛名的英国自然科学家莱伊尔，与世长辞了，终年78岁。

人们怀着崇敬的心情，把他安葬在伦敦威斯敏斯特大教堂（Westminster Abbey）里。他的诸多名著和科学成就，永远留在人间。

世界五千年科技故事丛书

01. 科学精神光照千秋 ： 古希腊科学家的故事
02. 中国领先世界的科技成就
03. 两刃利剑 ： 原子能研究的故事
04. 蓝天、碧水、绿地 ： 地球环保的故事
05. 遨游太空 ： 人类探索太空的故事
06. 现代理论物理大师 ： 尼尔斯·玻尔的故事
07. 中国数学史上最光辉的篇章 ： 李冶、秦九韶、杨辉、朱世杰的故事
08. 中国近代民族化学工业的拓荒者 ： 侯德榜的故事
09. 中国的狄德罗 ： 宋应星的故事
10. 真理在烈火中闪光 ： 布鲁诺的故事
11. 圆周率计算接力赛 ： 祖冲之的故事
12. 宇宙的中心在哪里 ： 托勒密与哥白尼的故事
13. 陨落的科学巨星 ： 钱三强的故事
14. 魂系中华赤子心 ： 钱学森的故事
15. 硝烟弥漫的诗情 ： 诺贝尔的故事
16. 现代科学的最高奖赏 ： 诺贝尔奖的故事
17. 席卷全球的世纪波 ： 计算机研究发展的故事
18. 科学的迷雾 ： 外星人与飞碟的故事
19. 中国桥魂 ： 茅以升的故事
20. 中国铁路之父 ： 詹天佑的故事
21. 智慧之光 ： 中国古代四大发明的故事
22. 近代地学及奠基人 ： 莱伊尔的故事
23. 中国近代地质学的奠基人 ： 翁文灏和丁文江的故事
24. 地质之光 ： 李四光的故事
25. 环球航行第一人 ： 麦哲伦的故事
26. 洲际航行第一人 ： 郑和的故事
27. 魂系祖国好河山 ： 徐霞客的故事
28. 鼠疫斗士 ： 伍连德的故事
29. 大胆革新的元代医学家 ： 朱丹溪的故事
30. 博采众长自成一家 ： 叶天士的故事
31. 中国博物学的无冕之王 ： 李时珍的故事
32. 华夏神医 ： 扁鹊的故事
33. 中华医圣 ： 张仲景的故事
34. 圣手能医 ： 华佗的故事
35. 原子弹之父 ： 罗伯特·奥本海默
36. 奔向极地 ： 南北极考察的故事
37. 分子构造的世界 ： 高分子发现的故事
38. 点燃化学革命之火 ： 氧气发现的故事
39. 窥视宇宙万物的奥秘 ： 望远镜、显微镜的故事
40. 征程万里百折不挠 ： 玄奘的故事
41. 彗星揭秘第一人 ： 哈雷的故事
42. 海陆空的飞跃 ： 火车、轮船、汽车、飞机发明的故事
43. 过渡时代的奇人 ： 徐寿的故事

44. 果蝇身上的奥秘：摩尔根的故事
45. 诺贝尔奖坛上的华裔科学家：杨振宁与李政道的故事
46. 氢弹之父—贝采里乌斯
47. 生命，如夏花之绚烂：奥斯特瓦尔德的故事
48. 铃声与狗的进食实验：巴甫洛夫的故事
49. 镭的母亲：居里夫人的故事
50. 科学史上的惨痛教训：瓦维洛夫的故事
51. 门铃又响了：无线电发明的故事
52. 现代中国科学事业的拓荒者：卢嘉锡的故事
53. 天涯海角一点通：电报和电话发明的故事
54. 独领风骚数十年：李比希的故事
55. 东西方文化的产儿：汤川秀树的故事
56. 大自然的改造者：米秋林的故事
57. 东方魔稻：袁隆平的故事
58. 中国近代气象学的奠基人：竺可桢的故事
59. 在沙漠上结出的果实：法布尔的故事
60. 宰相科学家：徐光启的故事
61. 疫影擒魔：科赫的故事
62. 遗传学之父：孟德尔的故事
63. 一贫如洗的科学家：拉马克的故事
64. 血液循环的发现者：哈维的故事
65. 揭开传染病神秘面纱的人：巴斯德的故事
66. 制服怒水泽千秋：李冰的故事
67. 星云学说的主人：康德和拉普拉斯的故事
68. 星辉月映探苍穹：第谷和开普勒的故事
69. 实验科学的奠基人：伽利略的故事
70. 世界发明之王：爱迪生的故事
71. 生物学革命大师：达尔文的故事
72. 禹迹茫茫：中国历代治水的故事
73. 数学发展的世纪之桥：希尔伯特的故事
74. 他架起代数与几何的桥梁：笛卡尔的故事
75. 梦溪园中的科学老人：沈括的故事
76. 窥天地之奥：张衡的故事
77. 控制论之父：诺伯特·维纳的故事
78. 开风气之先的科学大师：莱布尼茨的故事
79. 近代科学的奠基人：罗伯特·波义尔的故事
80. 走进化学的迷宫：门捷列夫的故事
81. 学究天人：郭守敬的故事
82. 攫雷电于九天：富兰克林的故事
83. 华罗庚的故事
84. 独得六项世界第一的科学家：苏颂的故事
85. 传播中国古代科学文明的使者：李约瑟的故事
86. 阿波罗计划：人类探索月球的故事
87. 一位身披袈裟的科学家：僧一行的故事